やさしい日本語

——多文化共生社会へ

庵 功雄
Isao Iori

岩波新書
1617

まえがき

本書は、移民受け入れと多文化共生社会の実現に関連する問題のうち、言語(ことば)に関するものを取り上げ、日本語学(言語学)、日本語教育の立場から考えるものです。移民(の受け入れ)や多文化共生社会については本文で詳しく述べますので、ここでは、日本語学、日本語教育について、簡単にお話ししたいと思います。

筆者の専門は日本語学と日本語教育です。

日本語学は、言語学的な観点から日本語を分析する学問ですが、読者の中には国語学という名称の方がなじみがあるという方もいらっしゃるかもしれません。実際、「国語学」は明治時代から存在する名称であるのに対し、「日本語学」という名称が使われ始めたのは1970年代後半からであり、学問分野の名称として定着するのは1980年代です。

ここで、「国語」と「日本語」という名称が出てきました。両者は同じだと思われるかもしれませんが、必ずしもそうではありません。例えば、韓国にも「国語学」という学問の名称がありますが、そこで研究されているのは「韓国語」であって「日本語」ではありません。

このことからもわかるように、「国語」という語の指示対象は一義的に定まっているものではなく、誰がどこでこの語を使うかによってそれが指す対象が変わってきます。これは、「首相」という語が、本書執筆現在(2016年5月)、日本であれば安倍氏を、イギリスであればキャメロン氏を指すのと同じ性質の現象です。これに対し、「日本語」は誰がどこで使ってもJapanese languageを指します。

以上のことは大多数の日本語母語話者には意識されていないと思いますが、多文化共生について考える際には重要になります。例えば、日本の小中高の授業科目に「国語」はありますが、「日本語」はありません(ちなみに、現在の大学では科目名に「国語」を含むものは少なく、「日本語」を含むものが圧倒的多数を占めています)。このことは、日本の小中高で学ぶ子どもが基本的に日本語母語話者だけだった時代にはあまり問題にならなかったかもしれませんが、教室に外国籍の子どもたち(第4章の用語で言う「外国にルーツを持つ子どもたち」)が増えてくると、問題となってきます。

それは、小中高の教室の中に、「日本語を母語としない」子どもたちが存在するということです。その子どもたちにとって、「日本語」は「母語」でもなく「国語」でもないのです。そうした子どもたちも「日本語」で教科学習を行う必要があるわけですが、それは、言語としての「日本語」を学ぶのと同時に、「日本語」を道具として用いながら、「教科」を学ばなければならないということなのです。

どんなに腕のいい料理人でも包丁がなければ料理が作れないのと同様、「日本語」という道具を習得しない限り、日本の小中高で教えられている内容を身につけることはできません。しかも、この相対的に困難なことを成し遂げられなければ、外国にルーツを持つ子どもたちが日本で自己実現できる道は大きく閉ざされてしまいます。そして、本文で詳しく述べるように、彼/彼女たちにそうした道が閉ざされている状況で、日本が移民の受け入れに舵《かじ》を切ることは極めて危険です。

ここまでは、「日本語」と「国語」の違いについて見てきましたが、「日本語教育」と「国語教育」にも類似した違いが見られます。すなわち、現行の用語法では、「国語教育」は「日本語母語話者に対する日本語の教育」であるのに対し、「日本語教育」は「日本語非母語話者に対する日本語の教育」ということになっています。そのことから、現行の国語教育の枠内では、学習者が一定の共通の背景知識を持っていることが前提とされています。

しかし、例えば、「お赤飯」がお祝いのときに食べるものであるといったことは、日本語を母語とする子どもたちには共通の知識となっているのに対し、外国にルーツを持つ子どもたちにはそうではないといったことがあります（志村 2014）。言語的知識の問題に加え、こうした背景知識にも差があるということを踏まえて教育を行うためには、「日本語」を「外国語」として捉えて教えるという観点や技術が必要になります。

日本語教育は、前述のように、日本語を母語としない学習者を対象に日本語の教育を行うものとして発展してきました。したがって、そこで培われてきた知識や教授技術はこうした問題を解決する上で最適のものと言えます。

さらに、第5章で詳述するように、ろう児にとっても、書記日本語は「母語」ではなく第二言語です。したがって、彼／彼女たちに対する日本語の教育においても、日本語教育のこれまでの知見や教授技術は大いに役に立つのです。

本書では、筆者が専門とする、日本語学と日本語教育が蓄積してきたさまざまな知見に、筆者たちの研究グループが取り組んできた〈やさしい日本語〉の考え方を取り入れた形で、多文化共生社会実現のために言語（ことば）を通して貢献できる問題について、可能な限り包括的に考えていきたいと思います。

目　次

目　次

第1章

移民と日本

「移民」「難民」が世界的なニュースに

2015年は「移民[1]」「難民[2]」が世界的なニュースになった年でした。

フランスで、大規模なテロが2回も起こり（1月7日と11月13日）、その背景に、フランス社会での「移民」の問題があると指摘されました。また、シリアの内戦の激化にともない、大量の「難民」が海外に脱出し、ドイツを中心とするヨーロッパに向かいました。そうした難民の受け入れを推進したドイツのメルケル首相は雑誌 *Time* の「今年の人」に選ばれましたが、問題は簡単ではなく、ヨーロッパ各地で反移民の動きが強まっています。アメリカでも、イスラム教徒排斥を唱えるトランプ氏が大統領共和党予備選挙で勝利して党の公認候補になるなど、移民排斥の動きが強まっているようです。

日本は移民を受け入れるべきか

こうした海外の状況を見て、移民を受け入れると「社会が不安定になる」「外国人が犯罪を起こす」といったことを理由に挙げて、移民受け入れに反対するという人が多いかもしれません。

表 1-1　移民受け入れのメリットとデメリット(一般論)

	移民を受け入れる	移民を受け入れない
メリット	労働力を確保できる	現在の社会的秩序を守れる
デメリット	社会的な摩擦が増える	労働力が不足する

ここで、移民を受け入れることと受け入れないことの一般的に言われているメリットとデメリットを挙げてみると、表1-1のようになるのではないでしょうか(表1-1は、「このように考える人が多いのではないか」ということを表したもので、筆者の考えを表したものではありません)。

移民を受け入れることで考えられる最もわかりやすいメリットは労働力を確保できるということだと思われます。次の記事に見られるように、経済界から出ている移民受け入れに関する議論もこの部分が大きいようです。

経団連の榊原定征会長は23日、人口減少社会への対応として「移民に頼らざるを得ない。(閉じている)ドアを開けにいかないといけない」と述べ、移民政策の議論を政府内外で加速するよう求めた。経団連独自の制度設計を急ぐ考えを示した。長野県軽井沢町で同日から始まった経団連夏季フォーラムで語った。

政府試算では日本の人口は、このままだと2060年までに4000万人程度減る。榊原氏は労働力人口の減少に危機感を示したうえで、女性や高齢者をより積極的に活用すべきだとしつつ「それでも足らない」と指摘。「(移民受け入れに)国は極めて保守的で拒絶的だ。産業界から具体的に提言していかないと進まない」と強調した。

(「経団連会長、人口減社会「移民へのドア開けないと」」日本経済新聞電子版2015・7・23)

これに対して、移民受け入れ反対論者の多くは、移民が増えることで、日本の文化や伝統が失われると考えているようです。

なお、右の記事にある2060年までの人口の推移というのは、内閣府による試算(平成24(2012)年版高齢社会白書)にある数字を指しています(図1-1)。

この試算によれば、2015年に1億2000万人強の日本の人口は、45年後の2060年には9000万人を切るとのことです。これは日本の人口の3割が減ることを意味します。生産年齢人口(15歳~64歳)と高齢者(65歳以上)の比率は、2015年の70対30から、2060年には56対44になるといいます。言い換えると、高齢者の人口は2015年から2060年にかけてほとんど変わらないのに対し、生産年齢人口は同じ期間に約3400万人減少するというのです。

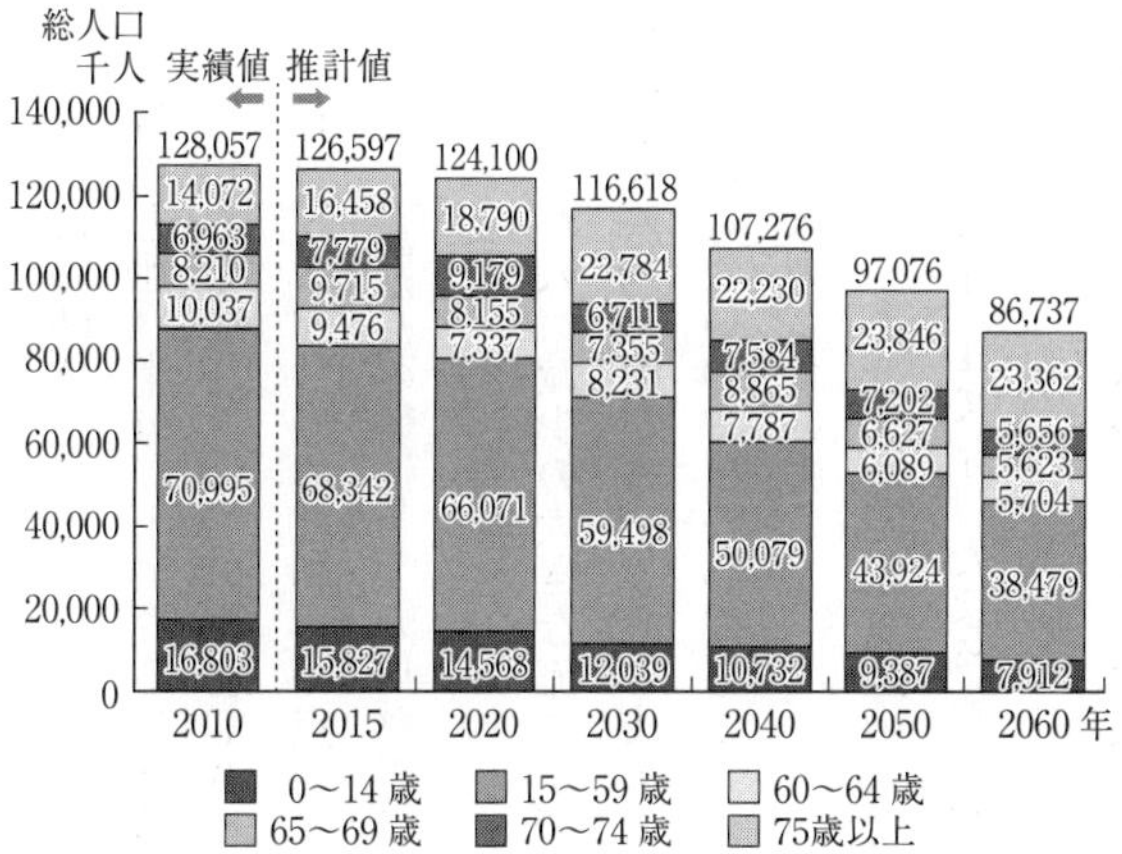

図 1-1　2060 年までの人口推移の試算(平成 24(2012)年版高齢社会白書)

人口減少が経済力の低下に直結するかについては議論の余地があるとしても、全体の人口比率が現在のままで総人口だけが減少するのではなく、生産年齢人口(と子ども)だけが一方的に減少し、高齢者の人口は変わらないということは、税金や社会保障費の負担者(タックスペイヤー)が減少し、負担者１人当たりの負担額が増えることを意味します[3]。

２０１４年10月３日の日本経済新聞電子版に「人口減少地図」が掲載されました[4]。これに関する説明は次の通りです。

日本の総人口は２０１４年１月時点で１億２６４３万人。５年連続で減少しました。前年に比べて人口が減ったのは39道府県。

市区町村単位でみると、８割の自治体が前年より減り、地方の厳しさが浮き彫りになります。民間団体の日本創成会議は２０４０年時点の20～39歳の若年女性人口を試算し、10年時点と比べ半分以下になる自治体を「消滅可能性がある」としました。全国の約１８００の市区町村のうち、半数近くの８９６自治体が消滅可能性都市になります。さらにそのうちの５２３自治体は40年時点で人口１万人を割り込んでしまう見通しです。

（「あなたの街は？「人口減少地図」で知る現状と将来」日本経済新聞電子版２０１４・10・３）

こうした人口減少の大きな流れが変わらないとした場合、私たちの子どもや孫の世代の日本社会の経済的基盤をどのように支えるのかということを、私たちは自らの責任において考えなければならないのではないでしょうか。そうしたとき、移民の問題は避けて通れない課題であると筆者は考えています。

本書では、こうした問題意識のもと、移民受け入れを認めるべきという立場から考えていきますが、**表1-1**で挙げたような観点からのみ移民の問題を考えようとするものではありません。

本章では、日本が移民の受け入れを必要とする現状にあると考えられる根拠を挙げ、その上で、移民受け入れを選択する場合には「多文化共生社会」を作ることが必要であることを述べます。第2章以降ではそのための条件を言語(ことば)の面から考えていきます。

日本は既に外国人抜きでは成り立たない社会になっている

移民という点から日本社会の現状を考えてみましょう。

日本政府は公式には「移民」の受け入れを認めていません。しかし、日本社会は既に外国人抜きには成り立たなくなっていると考えられます。

例えば、農業です。

農林水産省の調査によれば、２０１５年の農業就業人口は２０９万人で、5年前より2割減、30年前からは6割減となっており、就業者の平均年齢も5年前より0・5歳上がって、66・3歳となった(この年齢は生産年齢人口の年齢の上限を上回っています)とのことです[5](図1-2)。

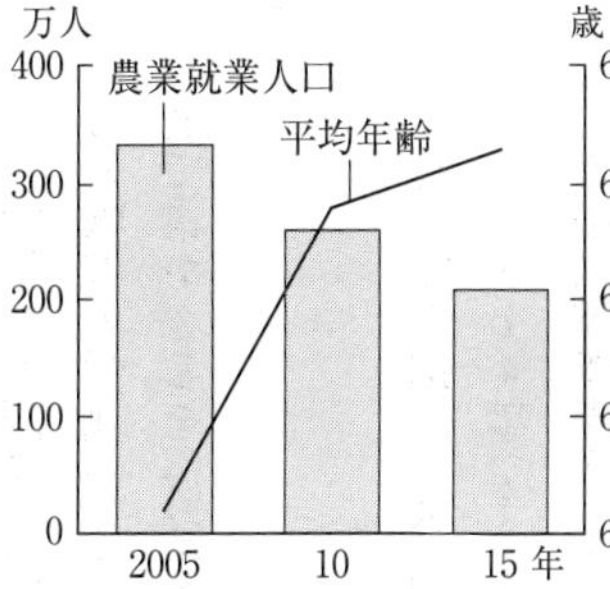

図1-2　農業人口の推移(日本経済新聞 2015. 11. 27)

さらに、大規模農家でも主食用の米の生産では採算がとれない状況が出てきているという報告もあります[6]。一方、こうした状況でも国産の農作物がスーパーなどで安く手に入る背景には劣悪な環境で働かされている外国人の労働力があるとの指摘もあります(7)。また、次の記事にあるように、外国人が安い賃金で働かざるを得なくなっている背景に外国人技能実習生制度があるという指摘もあります。

日本で失踪した外国人技能実習生の数が、2015年に5803人に上り、過去最多だった2014年(4847人)を大幅に上回ったことが、法務省の調べでわかった。外国人技能実習制度は、日本の技術を学んでもらうことを目的に外国人を受け入れる制度で、1993年に導入された。農業や漁業など、71の職種が対象になっている。年間約17万人が働いているが、労働環境が劣悪だといった批判が根強くある。
(「過去最多…外国人実習生はなぜ「失踪」する? 「名ばかり制度」のままでは深刻化の一途だ」弁護士ドットコム(東洋経済online)2016・4・13)

外国人技能実習生制度は、本来、発展途上国に日本の技術を移転する目的で作られたものですが、現状では、外国人を非常に安い賃金で働かせるための隠れみのになっているケースも多

いようです。(8)

日本は公式には「移民」や「(単純労働における)外国人労働力」を受け入れないとしながら、実際には、外国人の労働力なしでは成り立たない社会になっています。しかし、事実としては外国人の労働力に支えられた生活で恩恵を受けていながら、実際に働いている外国人を移民として認めてその賃金や人権を保障するという立場はとらない、こうした「ダブルスタンダード」的なやり方は国際的にも決して認められるものではなく、外国人の労働力が必要なのであれば、一刻も早く移民の受け入れに関する本格的な議論を開始する必要があります。

有力な経済誌『日経ビジネス』は2016年4年4日号で「移民ノミクス《イミ》」と題する特集を組みました。その特集の冒頭にはこのように記されています。

日本で働く外国人は今年［2016年］、初めて100万人の大台を超える可能性が高い。自動車、建築、小売り…。外国人の働き手なくして日本経済は成り立たない。ただ、付け焼き刃で進めてきた単純労働力としての外国人確保は限界が近づく。移民とともに新たな価値を生み出す発想が、これからの日本企業には不可欠だ。大量に難民が流入する欧州では、企業が既に動き始めた。戦略的に外国人を受け入れ、多様性を新たな力とする「移民

(イミ)ノミクス」。それこそが、人口減が続く中でも企業が成長を続けるための条件だ。

(「特集　シリーズ日本が危ない　移民《イミ》ノミクス　人口減でも伸びる企業の条件」『日経ビジネス』2016・4・4)

移民を受け入れるとはどのようなことであるべきか

それでは、右で見たような現状から、移民受け入れが必要だということになった場合、そもそも、移民を受け入れるとはどのようなことであるべきなのでしょうか。

移民を受け入れると主張するためには、その前提として、その人が日本社会の中に、日本社会の一員としての「居場所」を見出すことができ、その人が努力すれば、日本人と対等な立場で競争できる基盤が日本社会の中に用意されている、ということでなければならないと筆者は考えます。

冒頭で述べたフランスでのテロの背景には複雑な原因があり、軽々に論じることはできませんが、イスラム教徒の一部にフランス社会の中でのイスラム教徒の地位に対する不満があり、そこに、彼/彼女らの一部がISなどの過激思想に引きつけられテロに走った原因の1つがあることは間違いないのではないかと思われます。

こうしたことを踏まえて考えると、移民を認めると言うときに重要なのは、外国人を対等な市民として受け入れることであると言えます。言い換えると、移民を認めるとは、移民も、日本人と同様に努力すれば報いられる社会を作ることだということです。本書では、そのことが「多文化共生」の真の意味であると考え、その意味での「多文化共生社会」を作るために何ができるのかを考えていきたいと思います。

「ことば」から考えてみる

本書では「多文化共生社会」について考えていきます。この問題には、政治、社会、経済などさまざまな問題が関わっていますが、その中でも「ことば」に焦点を当てて考えていきたいと思います。

「多文化共生」と言うとき、考えなければならないのは外国人だけではありません。日本社会に属するさまざまな少数者(マイノリティー)のことも考える必要があります。マイノリティーは、政治、民族、言語、思想信条などさまざまな観点から定義できますが、本書では、言語(ことば)の観点からマイノリティーをとらえ、この「言語的マイノリティー」について考えていきます。

日本における言語的マイノリティーが直面する困難

ことばからマイノリティーを見たとき、日本語のどのような点が問題になるのでしょうか。

1つ目は、漢字です。(9)母語に漢字を持たない人にとって、漢字は日本語習得にとっての大きな障壁になっています。この点については、第4章で考えることにします。

2つ目は、子どもたちの問題です。

第4章で詳しく述べますが、移民について考える上で、最も重要なのは、外国籍の子どもたち(第4章の用語で言う「外国にルーツを持つ子どもたち」)です。そして、その子どもたちの問題を考える上で、彼/彼女たちが日本人の子どもたちに対して負っている「日本語能力のハンディキャップ」をいかに埋めるかということが課題になります。後述するように、この点において、本書で提案する〈やさしい日本語〉という考え方は有効です。

同じく子どもたちの問題ですが、ろうの子どもたち(ろう児)が抱える言語問題についても、〈やさしい日本語〉という考え方は有効であると筆者は考えています。この点については、第5章で述べることにします。

「多文化共生社会」に必要なこと

さて、本書の主題は、〈やさしい日本語〉という考え方を用いて、「多文化共生社会」の実現を目指すことですが、「多文化共生社会」の実現のためには、必要なことがいくつかあります。

第一に、私たちの意識が変わることが必要です。

外国人を「やっかいな隣人」ととらえるのではなく、「ともに日本社会を作っていくパートナー」と見なすことが必要になります。この点については、第2章でより詳しく考えます。

第二に、日本語を使った外国人とのコミュニケーションを普通のこととして受け入れることが求められます。これも第2章で詳しく述べますが、この場合の「日本語」は、私たちがふだん何の調整も加えないで使っている日本語ではなく、相手の日本語能力に合わせて調整した〈やさしい日本語〉です。言語を調整するという考え方が受け入れにくい読者もいらっしゃるかもしれません。しかし、そのように日本語を調整して、外国人とのコミュニケーションを遂行しようとすることは、実は、日本語母語話者に求められる日本語能力を高める手段として非常に有効です。この点については、第6章で詳しく考えます。

国際語としての英語、そして、日本語

今述べた点に関連して、「国際語」としての英語について少し述べておきます。現在、英語は国際語としてもてはやされています。しかし、ブリティッシュ・カウンシルの推定によると、英語を母語または第二言語とする人口は10億人程度、学習者人口を合わせても30億人程度とのことです。したがって、地球上の全人口約70億人から考えれば、英語が通じる人口といっても限度があります。ただし、英語が国際語であるというときにはもう1つの側面があります。それは、現代において英語は、「母語話者」同士で使われることはむしろ稀で、母語話者と非母語話者、および、非母語話者同士で使われているということです（Nerrière and Hon 2009参照。図1-3も同書のグラフの表記を日本語に訳したものです）。

この点、これまで日本には日本語をあまり理解できない外国人が少なかったこともあり、日本語母語話者は、外国人と日本語でコミュニケーションを行うということに慣れていません。しかし、日本が「多文化共生社会」を迎えるということは、日本語も英語と同じように、母語話者同士だけではなく、母語話者と非母語話者（および、非母語話者同士）で使われていくことが多くなるということです。そうした中で日本語の中に変化が見られるかもしれませんが、それを「日本語の乱れ」ととらえるのではなく、日本語が国際語化していく過程と見なす考え方が

重要です。

これに関連して示唆的なのが中国語です。井上(2013)の文章を引用してみます。

「中国語を話せば同じ」という感覚は、さらに別の形でも現れる。

妻が育った街に行ったとき、近所のおばあさんにちょっと中国語であいさつをしたら、うれしそうな表情で「あら、この人、中国語を話すよ！」と言われた。発音も文法も誤用だらけの中国語のはずなのに、「あなたの中国語はうまい」、「あなたの標準語はきれいだ」と言う。あちこちでそう言われた。同じような経験をした人は少なくないはずだ。（中略）

新井一二三氏は、中国語は「包容力のある言葉」だと言い、次のように続けている。そのとおりだと思う。

そもそもの成り立ちからして、各地方出身者間の

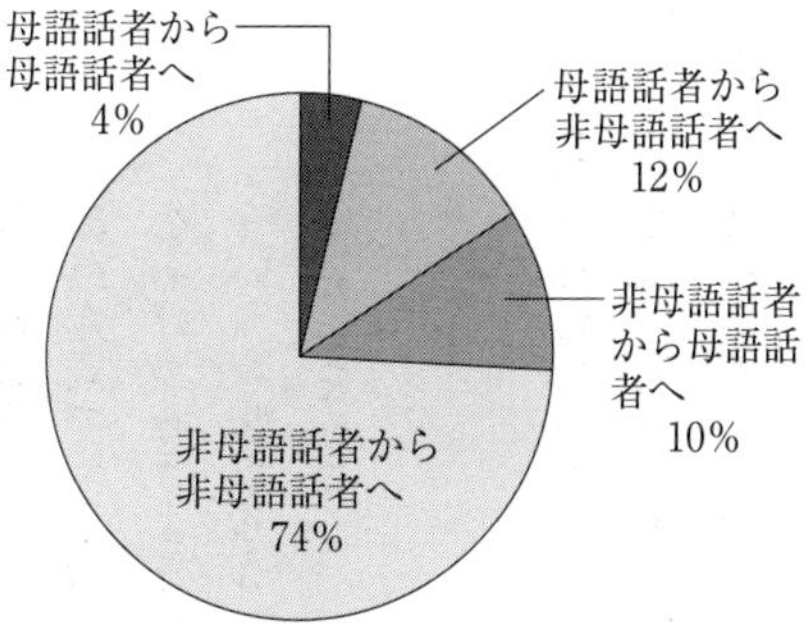

図 1-3　英語の使用場面(Nerrière and Hon 2009 より)

意思疎通という目的をはっきり持っているので、中国人の耳は、減点方式ではなく、加点方式で相手の言葉を聞く。つまり、「あっ、間違った」「また訛ってる」と、欠点をあげつらうような、意地悪な聞き方をしない。反対に、「たぶんこうだ」「きっとそういう意味だろう」と、聞き手が積極的にコミュニケーションに関与してくるのだ。

(新井 2004：42)

(井上 2013：30–31)

ここで言われているような、「中国語を話せば同じ」、「加点方式で相手のことばを聞く」といったことは、次章以降で取り上げる〈やさしい日本語〉によるコミュニケーションにおいて、非常に重要なポイントです。この点は第6章、第7章で詳しく取り上げます。

さて、英語が国際語になり得た理由の1つには、英語の変化があると考えられます。例えば、現代英語には、動詞の活用がほとんどありませんし、ヨーロッパの言語に広く見られる「文法上の性(gender)」もほぼ見られません(文法上の性については、第5章も参照)。また、フランス語やドイツ語、ロシア語などに広く見られるように、親しい間柄かそうでないか(親疎)によって2人称の代名詞を使い分けるといったこともありませんが、これらは全て、それまでの英語には存在していたものばかりです。こうしたさまざまな形態論上の変化を捨てたことが英語が、国際語になる上で有利だったと考えられます。[10]

そうは言っても、母語話者は一般的に母語の変化について保守的です。これに関する日本語の例としては、「ら抜きことば」が挙げられます。ら抜きことばとは、一段活用の動詞（見る、食べるなど）の可能形を「見られる、食べられる」ではなく、「見れる、食べれる」と言うもので、「日本語の乱れ」の例としてよく取り上げられます。しかし、この変化は、五段活用の動詞で起こった変化を「後追い」しているにすぎないものです。

例えば、五段活用の動詞「書く」の可能形は、近世までは「書かれる（kak*ar*eru）」という形でしたが、その後「書ける（kakeru）」という形に変化しました。そして、現在では、「書く」の可能形として「書かれる」を使うことはありません（例：○この子は小さいのにたくさんの字が書ける／×この子は小さいのにたくさんの字が書かれる）。

一方、「ら抜きことば」である「食べれる（tabereru）」ともとの「食べられる（tabe*rar*eru）」を比べてみると、この場合、もともとの可能形から「-ar-」が落ちて（「抜けて」）、新しい可能形ができていますが[11]、これは、五段活用の「書く」の場合の変化と全く同じ現象です。つまり、「ら抜きことば」は、日本語の体系的変化の一例であって、「乱れ」という観点でとらえるべき

表 1-2　「ら抜きことば」は日本語の体系的変化の一例

明治時代以前の体系

	五段活用動詞	一段活用動詞
可能 受身 尊敬	—a れる(—areru)(書かれる)	—られる(—rareru)(食べられる)

現在の体系(ら抜きことばではない場合)

	五段活用動詞	一段活用動詞
可能	—e る(—eru)(書ける)	—られる(—rareru)(食べられる)
受身 尊敬	—a れる(—areru)(書かれる)	

現在の体系(ら抜きことばの場合)

	五段活用動詞	一段活用動詞
可能	—e る(—eru)(書ける)	—れる(—reru)(食べれる)
受身 尊敬	—a れる(—areru)(書かれる)	—られる(—rareru)(食べられる)

ものではありません(井上 1998、小松 1999、庵 2012a 参照)。

表1-2の3つの「体系」を比較すると、「ら抜きことば」ではない体系では、五段活用と一段活用がアンバランスになっているのに対し、「ら抜きことば」の体系では、活用の種類の違いによるアンバランスはありません。もともとの明治時代以前の体系にも活用の種類の違いによるアンバランスはなかったので、「ら抜きことば」は新しい体系への移行過程と見なせるのです。

また、他の言語の影響を受けるといっても、文法構造が変わるということは通常ありません。例えば、現代の日本語はカタカナ語という形で英語の語彙を大量に取り入れていますが、それによって日本語の文法体系が変化したということはほとんどありません。

このように、他言語との接触を恐れたり警戒したりする必要はありません。もし、他言語との接触によって日本語の体系に変化が生じるとすれば、それは、その変化が（ら抜きことばのように）たまたま日本語の（潜在的な）変化の方向に合致していたためであり、そうでなければ、そうした変化は起こりえないのです。

本章のまとめ

本章では、本書の議論の出発点として、移民の受け入れの是非について考えました。本書の立場は移民受け入れに賛成するものですが、移民の受け入れを適切に行うためには、さまざまな社会制度を整えることが必要です。本書では、移民受け入れのために必要な条件をことばの観点から考えていきます。本章では、このように考えていく上で必要な観点、問題となる点のいくつかを指摘しました。これらに関する具体的な考察は次章以降で行います。

注

(1) 国際連合による「移民」の定義は、「出生あるいは市民権のある国の外に12カ月以上いる人」です。

(2) 1951年に締結された「難民の地位に関する条約」における「難民」の定義は、「人種、宗教、国籍もしくは特定の社会的集団の構成員であることまたは政治的意見を理由に迫害を受けるおそれがあるという十分に理由のある恐怖を有するために、国籍国の外にいる者であって、その国籍国の保護を受けることができない者またはそのような恐怖を有するためにその国籍国の保護を受けることを望まない者及びこれらの事件の結果として常居所を有していた国の外にいる無国籍者であって、当該常居所を有していた国に帰ることができない者またはそのような恐怖を有するために当該常居所を有していた国に帰ることを望まない」人々となっています。

(3) もちろん、高齢者も税金や社会保障費の負担者ですが、負担金額が多いこと、および、社会保障費の受益者になる割合が高齢者よりも低いことから、ここでは、生産年齢人口に含まれる人を主なタックスペイヤーと考えることにします。

(4) http://www.nikkei.com/edit/interactive/population2014/map.html#/static

(5) 「農業人口5年で2割減　15年調査、高齢化で離農進む」(日本経済新聞電子版2015・11・27)。

(6) NHKおはよう日本「特集まるごと」2015・5・8放送分。http://www.nhk.or.jp/ohayou/digest/2015/05/0508.html(2016・5・3閲覧)。

(7) 「外国人実習生「あこがれの日本」で失踪　追い詰められ…」(朝日新聞デジタル2015・3・8)。Foreigners illegally working on farms in Japan increase sharply(日本の農家で働く不法滞在外国人急増)(*The*

Japan Times 電子版２０１６・６・11)。

(8)「外国人、名ばかり研修生」(朝日新聞朝刊「国を開く」２００８・７・27)。

(9) 母語は英語の mother language, mother tongue に対応する語で、その人が最初に習得する言語です。母語は、世界の認識の仕方や思考を司るものでもあるため、その確立は非常に重要です。この点については、第4章、第5章であらためて考えます。言語習得研究では、母語のことを第一言語(first language. L1)とも呼びます。

(10) やや余談になりますが、こうした点で、現代英語は、他の言語と比べてかなり「特殊な」ものとなっています。このことを、世界の言語をさまざまな特徴から分析する「類型論(typology)」の代表的な研究者である角田太作氏は「日本語は特殊な言語ではない。しかし、英語は特殊だ」と述べています(角田2009の第9章)。それぞれの言語にはそれぞれの世界の切り取り方があります(例えば、日本語ではスープは「飲む」ものですが、フランス語では「食べる」ものです。また、ヨーロッパの言語では、数えられる名詞は常に単数か複数かを区別しなければなりませんが、日本語を初めとする東アジアの言語ではそうしたことはほとんどありません)。現在、「グローバリズム」とともに、英語への一極集中(「英語帝国主義」と呼ばれることもあります)が進んでいますが、多くの言語を保持することはその言語の使用者の世界観を後世に伝えるという意味でも重要です。こうした観点から、現在、言語学において、消滅の危機にある言語や方言(「危機言語／危機方言」)の保存(アーカイブ化)が進められています。一例として、沖縄の言語に関するこうした取り組みについては田窪編(2013)を参照してください。

(11) この点で、「ら抜きことば」という用語は正確ではなく、正確には「ar 抜き」です(井上1998)。

第2章

〈やさしい日本語〉の誕生

第1章では、移民の受け入れとことばの関係について考えました。本章からはその議論を受け、ことばの問題を具体的に見ていきます。本章で考えるのは、外国人に対する情報提供という問題です。

外国人に対する情報提供――対象者は誰か

外国人に対する情報提供でまず考えなければならないのは、対象者は誰かということです。日本に来る外国人を短期滞在者と定住目的の人に分けて考えた場合、情報提供について考えるべき点も変わってきます。

まず、旅行者を代表とする短期滞在者に対しては、公共の標識や掲示、アナウンスなどが問題になります。これに関しても、最近では英語以外の言語でも行われるようになってきましたが(1)、何と言っても中心は英語なので、英語での情報提供について考えていきます(2)。ここで重要なのは、標識におけるローマ字表記の統一と和製英語の廃止です。

ローマ字表記の統一について言えば、公式には、ローマ字表記において長音を表記しなければならないことになっています。これは、次に引用する、「訓令式ローマ字」の綴り方を示した「内閣告示第一号　ローマ字のつづり方」にはっきりと書かれています。

まえがき

1　一般に国語を書き表わす場合は、第1表〔「訓令式」の書き方を示した表〕に掲げたつづり方によるものとする。（後略）

そえがき

前表に定めたもののほか、おおむね次の各項による。

1　はねる音「ン」はすべてnと書く。

2　はねる音を表わすnと次にくる母音字またはyとを切り離す必要がある場合には、nの次に,を入れる。

3　つまる音は、最初の子音字を重ねて表わす。

4　長音は母音字の上に^をつけて表わす。なお、大文字の場合は母音字を並べてもよい。

（後略）

（「内閣告示第一号　ローマ字のつづり方」1954（昭和29）年12月9日。傍線は庵）

図2-1　駅名標識における長音表記

しかし、現実には、公共の掲示ですら、これはあまり守られていません。駅名標識では図2-1のように、長音が表記されることが多いですが、地図などではその割合は大きく下がります[3]。

そのため、例えば、「富山(Toyama)」と「遠山(Tôyama)」(長音を「^」で表記しています)など多くの語が、長音を表記しないローマ字表記だと、あいまいになり、日本語がわからない外国人にとって誤解が生じる可能性が高くなっています。筆者が実際に経験した例で言うと、英語関連の仕事でやりとりした日本人の名前の表記がYukiだったので、女性だと思っていたところ、実は「勇樹(Yûki)」さんだったということがありました。

次の例は英字新聞の実例ですが、この下線部の語は長音が表記されていればずっとわかりやすいと思います。

In November 2013, the worker even met with Amari in the minister's office to give him an envelope containing ¥500,000 as "a token of appreciation," along with *yokan*, an expensive sweet bean confection, the online version of the article read.

オンライン版のその記事によると、２０１３年11月に、その人物は甘利氏と大臣室で面会までして、甘利氏に50万円入りの封筒を、「お礼の印」として、高価な甘い豆のお菓子である yokan といっしょに、手渡したという。

（*The Japan Times* 電子版２０１６・１・20。下線および和訳は庵）

一方、和製英語について言えば、例えば、「アイドリングストップ」という語は和製英語で、「アイドリング（エンジンの空ぶかし）をしないこと」を意味するものとして用いられています（図**2-2**）。しかし、"idling stop" という表現を英語として強いて解釈するとすれば、「アイドリングしながら停車すること」になり、本来の意図と正反対の意味になってしまいます。実際、英語では「アイドリングストップ」のことを "no idling" と言います[4]。和製英語が英語学習において問題であるかどうかは別として、公共の掲示物などで使用する表現については、事前に母語話者のチェックを受け、英語として理解できるものだけを使うべきでしょう。

類例をもう１つ挙げます。

図 2-2　アイドリングストップの掲示

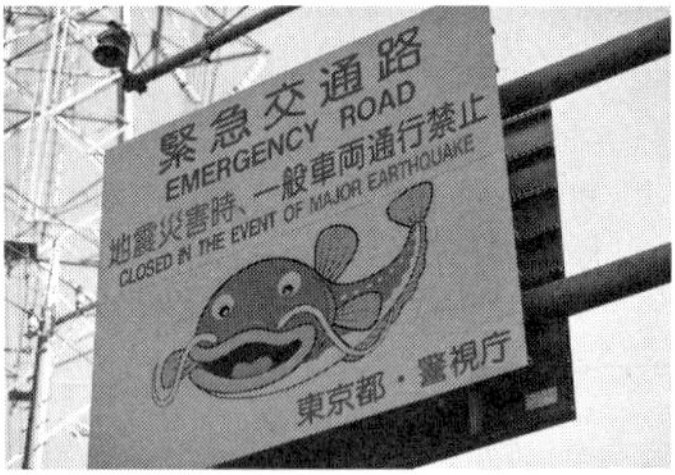

図 2-3　緊急交通路の標識

図2-3の緊急交通路の標識は東京圏などでよく見られるものです。この標識には2つの問題があります。

1つは、ナマズの絵です。確かに日本では、ナマズは地震と結びついていますが、そうしたことは他の文化圏の人には全く共有されないものと考えるべきです。もう1つは、外国人にとっては意味不明の情報が最も大きなスペースを占有しているために、日本語がわからない人にとってはこれが何の標識かがよくわからないことです。

この2例に共通する問題点は、掲示の作成者側に、掲示を見る人に対する配慮が欠けていることです。

「アイドリングストップ」の作成者は、「アイドリングストップ」は「日本語」なのだから問題ないと考えたのかもしれません。しかし、「アイドリング」と「ストップ」がそれぞれ

idlingとstopに当たることを知っているというのが「アイドリングストップ」が「日本語」として使えるための条件であるはずです(「アイドリング」が何のことかわからないと、日本語母語話者であっても、この表現は全く理解できません)。そうだとすると、日本語母語話者もidlingとstopを「アイドリング」と「ストップ」に当てはめて考えているわけで、この点は、英語を知っている(かつ、必ずしも日本語を詳しく知っているとは限らない)外国人が「アイドリングストップ」という日本語を理解するときの過程と逆方向であるに過ぎません。したがって、「アイドリングストップ」は「日本語」だから問題にならないとは言えないと考えられます。

「ナマズ」の例もこの看板を外国人が見ることを想定していないという点で、「アイドリングストップ」の例と共通しています。ちなみに、複数の英語母語話者に確かめたところ、この標識の英訳部分である"Emergency road."は意味がとりにくく、"Emergency access route. In case of major earthquake, emergency service vehicles only."とした方がいいということでした。これは道路標識で、高速で運転している自動車から見るものであり、そこでは、瞬時に意味が取れることが特に重要です(最初の"Emergency road"という表現は英語としてよくわからないので、書かない方がいいという指摘もありました)。

掲示や標識における英訳は、「日本語がわからない人」のためのものであるべきです。そうであるとすれば、「英語はわかるが日本語はよくわからない人」の意見を聞いて、その人たちの視点から英訳を記載しなければなりません(これは、第6章で扱う「日本語母語話者に求められる日本語能力とは何か?」という問題とも関連する課題です)。

「情報を正確に伝えること」が「コミュニケーション」の重要な一部であることからして、このような標識を「公的な」ものとして掲示することは、日本の「コミュニケーション力」が劣っていると外国(人)に示すことになってしまいます。そうした意味で、これらは、日本が観光立国を目指すのであれば、早急に改善すべき問題であると言えます。

英語は共通言語になり得ない

次は、本書の本題である定住を目指す外国人(以下、定住外国人と呼びます)に関する問題点を考えていきます。なお、「定住者」というのは、法律用語としては、事実上「日系人」だけを指すものであり、ここで使うのは厳密には不適切ですが、本書では、指している対象がイメージしやすいという点を重視して「定住者」という語を用います。法律用語としてではなく、日常語としての使い方であることに注意してください(5)。

先ほど、短期滞在者に対する情報提供では英語での表現を注意すべきであると述べました

(ローマ字表記にも英語を理解する外国人向けという側面が強くあります)。それでは、定住外国人に対する情報提供においても、英語だけで十分なのでしょうか。実はそうではありません。

国立国語研究所が行った定住外国人を対象とする全国調査の一環として広島市で行われた調査を分析した岩田一成氏の報告によれば、母語以外でわかる言語を問う質問(複数回答可)に対して、調査対象者の70・8%が「日本語」と答えたのに対し、「英語」と答えた人は36・8%に留まっています(全国平均でも、日本語62・6%、英語44・0%となっています。岩田(2010)参照)。この場合の「わかる」は、必ずしも日本語や英語を使いこなせるということではありませんが、少なくとも、定住外国人にとって、英語は得意な言語であるわけではないことがわかります。これは、旅行者や留学生、外資系企業で働くビジネスパーソンなどの短期滞在者との大きな違いです(ただし、前章で見たように、英語を理解できるのは地球上の人口の半分にも満たないので、その点で、短期滞在者に対する情報提供は英語だけで問題ないという考え方にも限界があります)。

一方、外国人を受け入れる私たち日本語母語話者側の問題として考えた場合にも、英語が必ずしも扱いやすい言語ではないことは、前述の「アイドリングストップ」の例を引くまでもなく、明らかでしょう。

以上のことから、外国人(以下、本書では「定住外国人」の意味で「外国人」という語を使います)

に対する情報提供という観点からは英語は不適格であると言えます。

多言語対応の必要性と問題点

英語ではなく、それぞれの人の母語で情報を提供すべきだという考え方もあり得ます。こうした多言語対応は後述する災害時には無条件に必要であり、可能な限り多くの言語で情報を提供すべきです。しかし、本書で考えようとしている「平時」における情報提供という点からは、こうした多言語対応にもまた問題があります。

まず、多言語対応と言う際、日本国内にその言語の母語話者の多い言語と少ない言語に分けて考える必要があります。前者に属する中国語、韓国語・朝鮮語、英語、スペイン語、ポルトガル語などについては、既に、自治体レベルで一定レベルの多言語対応が行われつつあります[6]。したがって、特に問題になるのは、これらの言語でカバーできない人たちをどうするかということです。

日本の外国人の全体数は2014年現在約212万人で、その上位20位の出身国・地域と公用語[7]は**表2-1**の通りです[8](この表に載せたのは、出身国・地域の「公用語」であって「母語」ではないことに注意してください)。

表 2-1　日本の定住外国人とその公用語

順位	国・地域	公用語[9]	外国人登録者数	累積%[10]
1	中国	中国語	654,777	30.86
2	韓国・北朝鮮	韓国語・朝鮮語	501,230	54.48
3	フィリピン	フィリピン語、英語	217,585	64.73
4	ブラジル	ポルトガル語	175,410	73.00
5	ベトナム	ベトナム語	99,865	77.71
6	アメリカ合衆国	英語	51,256	80.13
7	ペルー	スペイン語	47,978	82.39
8	タイ	タイ語	43,081	84.42
9	ネパール	ネパール語	42,346	86.42
10	台湾	中国語	40,197	88.31
11	インドネシア	インドネシア語	30,210	89.73
12	インド	ヒンディー語、英語	24,524	90.89
13	イギリス	英語	15,262	91.61
14	パキスタン	ウルドゥー語、英語	11,802	92.17
15	スリランカ	シンハラ語、タミル語	10,741	92.68
16	ミャンマー	ビルマ語	10,252	93.16
17	バングラデシュ	ベンガル語	9,641	93.61
18	フランス	フランス語	9,641	94.06
19	オーストラリア	英語	9,350	94.50
20	カナダ	英語、フランス語	9,286	94.94
	全定住外国人		2,121,831	100.00

この上位20位(全外国人の約95%をカバー)だけを見ても、その公用語は17言語あります。これを上位50位(全外国人の約99%をカバー)に広げると、公用語の数は37言語になります。インドなどの多言語国家では公用語(ヒンディー語と英語)が使えない人も相当数に上ると考えられますが、公用語に限定したとしてもこれだけの数の言語が必要になるわけです。

もちろん、表2-1の中には、その国の公用語でない、英語などの言語が使いこなせる人もかなりいると考えられるので、前記の言語以外で対応しなければならない人の数は実数としてはそれほど多くないかもしれませんが、多言語対応ということを理念として考えるなら、その言語を使う人口の多寡は問題になりません。

極論すれば、たとえ1人でもその言語でしか理解できない人がいるのなら、その言語で情報を提供すべきだということになるでしょう。それが極論だとしても、可能な限り、多くの言語で情報を提供すべきだということは間違いないと思われます。

しかし、ここで問題があります。確かに、他言語への翻訳が（ちょうど、ドラえもんの「ほんやくコンニャク[11]」という道具のように）機械翻訳によって自動的にできるのであれば、こうした考え方は問題なく正しいと言えるでしょう。しかし、現実の機械翻訳のレベルは、最も多くの研究費がつぎ込まれていると考えられる日英間においてすら、公的文書のようなものの場合には、実用上問題ないと言うにはほど遠いレベルにあります。その他の言語（特に、ここで考えているような少数言語）においては言うまでもありません。機械翻訳が不可能であるということは、その言語で情報を提供するためには、人間の手で訳さなければならないということです（ちなみに、機械翻訳ではなく、人手による翻訳であっても、医療関係の文章のように内容が非専門家にとって難解なものは、原文をそのまま訳すのではなく、いったんわかりやすい日本語に直してから外国語に訳した方が意味の通る訳文になることが知られています。こうした中間段階の言語として〈やさしい日本語〉を位置づけることも可能かもしれません）。

その言語による情報提供を人間の手で行わなければならないとすると、その場に、日本語がある程度理解できるその言語の話者が必要になります。そうした話者がいない場合／地域ではその言語で情報が提供できないということになります。さらに、仮にそういう話者がいたとしても、その数が少なければ、常に同じ人が翻訳を行わなければならなくなり、そうした形で情報提供するのは非現実的であると言わざるを得ません。

なお、こうした少数言語話者に対する情報提供は、外国人が関わる裁判における法廷通訳や、外国人が病気やけがをした際の医療通訳などにおいても重大な問題になります。この点については、ここでの論点とは別に、十分な議論が必要です。

こうしたことを踏まえて、本書の書名でもある〈やさしい日本語〉という考え方が出てきたのですが、それについて述べる前に、少し時計の針を戻して、１９９５年の阪神・淡路大震災の際に顕在化したことばに関する問題について考えてみることにしたいと思います（「やさしい日本語」に関連するこれまでの試みに関して岩田（2013）を参照してください）。

阪神・淡路大震災の教訓——災害時の情報提供

阪神・淡路大震災は6000人以上の死者、4万人以上の負傷者を出した大災害でしたが、被災した人も数多くいました。外国人も数多く被災しましたが、その際、日本語と英語以外ではきちんと情報が発信されなかったため(地域的特徴から中国語と韓国語・朝鮮語ではある程度の情報が提供されたものと思われます)、これらの言語が不自由な外国人は、震災で家が住めなくなるなどの形で被災した上に、その復旧過程で必要な情報を十分に手に入れられないという点で、二重に被災することになってしまいました[12]。

そうした状況を見た心ある社会言語学者やNHKのアナウンサーらが協働して、緊急時に必要な情報を簡単な日本語で提供する方策を研究しました。これが、専門用語として「やさしい日本語」という語が用いられた最初です。

この「やさしい日本語」の研究で最も有名なものが次に挙げる松田ほか(2000)です。これは、次の文章(1)を(2)のように書き換えたところ、理解率が約30%から約90%に上がったというものです。

（1）〈原文〉

今朝5時46分ごろ、兵庫県の淡路島付近を震源とするマグニチュード7・2の直下型の大きな地震があり、神戸と洲本で震度6を記録するなど、近畿地方を中心に広い範囲で、強い揺れに見舞われました。

（2）〈言い換え文〉

今日、朝、5時46分ごろ、兵庫、大阪、などで、とても大きい、強い地震がありました。地震の中心は、兵庫県の淡路島の近くです。地震の強さは、神戸市、洲本市で、震度が6でした。

この言い換えを緊急時の「最低限必要な情報」の提供という観点から見てみましょう。

まず、（1）の最初の「今朝」ですが、これを「けさ」と言ってしまうと「けさ」という語を知らないとわからなくなりますが、「今日、朝」と言い換えると、既知のことばの組み合わせで理解できることになります。次に、（1）の「淡路島付近を震源とするマグニチュード7・2の直下型」という部分です。これは地震報道では普通に使われるものですが、外国人がとりあえず何が起こったのかを知るためには全く不要な情報です。したがって、全て削除します。そうすると、「兵庫、大阪、などで、とても大きい、強い地震がありました。」ということになります。（緊急時の）情報としてはこれで十分です。それから、「震度6を記録する」「強い揺れに見舞われる」といった表現も報道文でよく使われるものですが、内容としては、震度が6だったという以上のことは言っていません。つまり、「です」と置き換えても問題ありません。それに、こうした長い表現があった場合、日本人は背景知識があるため、その部分は重要ではないと思って聞き流せますが、日本語がよくわからない人は何か言っているからそれを全部聞かないといけないと思って全体を聞こうとし、その結果、余計に全体で何を言っているのかがわからなくなるということにもなります。このような形で表現の方法に注意し、さらに、読点の部分でポーズを取って読むことにも注意した結果、理解度が大幅に向上したということです。

こうした観点からの災害時における情報提供の研究は今後も続けていく必要があります。(13)

災害時から平時へ——〈やさしい日本語〉の誕生

このように、災害時に「やさしい日本語」で情報を提供することは重要ですが、人間の生活の大部分が「平時」であることを考えると、平時における情報提供について考える必要があることがわかります。こうした観点からの日本語表現が本書で考える〈やさしい日本語〉です。(14)

この〈やさしい日本語〉には次の3つの性格が求められます。

1　初期日本語教育の公的保障の対象としての〈やさしい日本語〉
2　地域社会の共通言語としての〈やさしい日本語〉
3　地域型初級としての〈やさしい日本語〉

初期日本語教育の公的保障の対象としての〈やさしい日本語〉

第一は、「初期日本語教育の公的保障の対象としての〈やさしい日本語〉」ということです。定住外国人を正式のルートで日本に受け入れるとした場合、その人たちが日本に来た段階で、公的費用によって日本語教育を受けられるようにする必要があります。定住外国人に対して、日本で生活する上で最低限必要な日本語能力を公的に保障するという初期日本語教育の公的保障は、移民受け入れ政策の柱の1つとなるものです。

こうした初期日本語教育は、現時点では実現のめどが立っていませんが、移民受け入れ政策を具体的に考える上では不可欠の課題であると言えます。そして、〈やさしい日本語〉はこの課題に適したものである必要があると筆者は考えています[15]。この考え方から、〈やさしい日本語〉

には、（最低限）「体系的であること（体系性）」「短時間で学べること（簡潔性）」が求められます（庵 2014a 参照）。この点については、次章で詳しく述べます。

地域社会の共通言語としての〈やさしい日本語〉

〈やさしい日本語〉の第二の側面は、地域社会の共通言語という性格です。

外国人が地域社会で生活するようになったとき、地域社会の日本人（日本語母語話者）との間でコミュニケーションをするための言語（「地域社会の共通言語」）が必要になります。このためのことばとして、どのようなものが考えられるでしょうか。

先に見たところから明らかなように、英語はこうした言語にはなり得ません。

次に考えられるのは、日本人が普通に（つまり、何の調整もしないで）使っている日本語を共通言語にするということです。実は、これまではそういう考え方でした。つまり、日本人の使う日本語のレベルとだいたい同じ母語話者並み（native-like）の日本語が使えるようになったら、日本の社会に入れてあげましょうというのがこれまでの日本社会の考え方だったのです。しかし、これもまた不適切です(16)。なぜかと言うと、こうした考え方は、相手を「言語」だけで評価することになるからです。実際には、言語が習得できるかどうかと、その人の能力とは全く別のことなのです。

例えば、大学の留学生センターなどで日本語を教えていると、日本語授業ではなかなか進歩が見られない学生が、英語でプレゼンテーションをするとなると、「アベノミクスの功罪」についてとうとうと自説を述べるといった場面によく遭遇します。あるいは、逆の立場から見れば、私たちが英語圏に留学した際に、英語が十分にできないというだけで無能扱いされたら、どれぐらい傷つくかということを想像してみれば、こうした考え方がいかに問題なのかは自然にわかると思います。ましてや、今考えているのは「地域社会の共通言語」、つまり、外国人と対等な市民として交流するときのことばです。相手を「対等な市民」として認めるということと、相手を日本語能力だけで評価するということが正反対の方向性を持つことは明らかです。

それでは、地域社会における共通言語になり得るのはどのようなことばなのでしょうか。結論から言うと、地域社会の共通言語になり得るのは、〈やさしい日本語〉だけなのです。

図2-4を見てください。これは、どのような意味で、〈やさしい日本語〉が地域社会の共通言語になるかを示したものです。

日本語がほとんどできない人には、後述する最低限の文法、ミニマムの文法としてのステップ1、[17]2とそれに付随する語彙を覚えてもらいます。一方、受け入れ側の日本語母語話者は、

日本語母語話者〈受け入れ側の日本人〉
↓　コード（文法、語彙）の制限、日本語から日本語への翻訳
〈やさしい日本語〉（地域社会の共通言語）
↑　ミニマムの文法（ステップ1、2）と語彙の習得
日本語ゼロビギナー〈定住外国人〉

図2-4　地域社会の共通言語と〈やさしい日本語〉

ステップ1、2が理解できる人がわかる日本語に自分の日本語を調整します。つまり、日本語を日本語に翻訳するということです。これができれば、そこに共通言語が成立します。

ここで、先に見たように、英語は共通言語にはなり得ません。さらに、これも前述したように、定住外国人に母語話者並み(native-like)の日本語を習得することを求めることは外国人を対等な市民として受け入れるということと理念的に相容れませんし、多岐にわたる外国人の母語を日本語母語話者が習得するというのも現実的ではありません。

以上から、もし、日本の地域社会に共通言語ができるとすれば、その候補になり得るのは〈やさしい日本語〉だけということとなります。ただし、これは、放っておけば自然にこの図のようになるということではありません。むしろ、自然に任せた場合に最も普通に考えられるのは、いかなる共通言語も生まれない、つまり、地域社会の外国人住民と日本人住民は永遠に会話ができないという状況です。そ

うした状況を克服して、地域社会における共通言語が生まれるとすれば、それは、そうした共通言語を日本人住民が必要だと感じ、それを作り出すために、外国人が理解できる日本語に自分の日本語を調整するということを実践したときなのです。なお、このように、自らの日本語を調整することは、外国人に譲歩することではなく、実は、日本人住民にとっても非常に大きなメリットがあるのですが、これについては第6章と第7章で詳しく述べます。

地域型初級としての〈やさしい日本語〉

〈やさしい日本語〉が満たすべき第三の要件は、日本語教育（外国人に対する日本語の教育）に関するものです。

この点について説明するために、戦後の日本語教育の流れをごく簡単に見ておきます。

戦後、大学などの高等教育機関で本格的に日本語教育が行われるようになったのは１９６０年代からで、当初は、日本語教育は専ら大学の留学生別科（後には留学生センター）や民間の日本語学校で行われるだけでしたが、１９９０年代から、地域の日本語教室でも日本語を教えることが多くなってきました。前者のタイプの日本語教育を学校型日本語教育、後者のタイプを地域型日本語教育と呼ぶことがあります（尾崎 2004 参照）が、両者の違いは**表2-2**のようにまと

表 2-2　学校型日本語教育と地域型日本語教育

	学校型	地域型
参加者間の関係	教師―学生(契約関係) 教えるのはプロ	学び合い 教えるのはボランティア
滞在目的	留学	技能実習、就業、結婚など
標準授業時間数	週 20 時間(初級)(18) 週 10 時間(中級以上)	週 2 時間(1 回当たりの時間)

められます。

このように、両者はさまざまな点で性格が異なりますが、最も明示的な違いは、学習にかけられる時間です。初級修了までに約300時間必要とされていますが(旧日本語能力試験3級合格水準)、学校型の集中教育では、これは週20時間(1日2コマ×5日)×15週で達成可能であり、難しい目標ではありません。しかし、週1回2時間が標準である地域型で、学校型と同じやり方を取ったとすると、300時間消化するのに、1回2時間×1年約50週で、3年かかってしまう計算になります。このことはそれだけで大きな問題ですが、問題はそうした算術的なことだけではありません。

学校型の集中教育で通常行われているのは、文型積み上げ式という教授法です。これは、その前の課までの語彙と文型のみを用いて、その課の文法内容を教えるというものであり、毎日授業が行われる集中教育では有効であると考えられますが、週1回しか学習機会がない地域型には不向きです。なぜなら、週1回の授業のたびにそれまで学んだところまでを頭に入れるというのは、記憶への負担度が高いだけで習得の効率が著しく悪いからです。

さらに、学校型における方法を地域型に持ち込むことのより重大な問題点は、学校で学ぶことを滞在目的としている(言い換えれば、それだけを目的とし得る)学校型の学習者に対するのと同じ方法を、働くことを滞在目的とし、日本語を学ぶ時間は労働時間の合間を縫って捻出しなければならない地域型の学習者に強いることになるという点で、倫理的に大きな問題があるということです。

以上のことから、地域型日本語教育には学校型日本語教育とは異なる独自の初級の文法シラバス(文法項目の種類と提出順をデザインしたもの)が必要であることがわかります。こうした文法シラバスを「地域型初級」と呼びます。「地域型初級」の具体的な内容については次章で詳しく述べます。

〈やさしい日本語〉の実践例

以上、〈やさしい日本語〉の理念について見てきました。ここでは、この理念が実際に活用されている例として、NHKのNews Web Easy(通称「やさしい日本語ニュース」)と、公的文書の書き換え作業およびその発展形式である横浜市との協働事業について紹介します。

ＮＨＫの News Web Easy

まず、News Web Easy ですが、これは、ＮＨＫが２０１２年から行っているサービスで、本書執筆時（２０１６年５月）においては、その日に放送されたニュースを毎日５本取り上げ、それをやさしい日本語に書き換えて提供しています[19]（図2-5）。

これまで、定住外国人が、日本国内の出来事に関する情報を、（通常の＝調整されていない）日本語、英語以外で手に入れることは容易ではありませんでしたが、このウェブサイトによって、そうしたことがかなりの程度可能になってきています。また、通常放送の文字データと音声・映像も利用できるため、日本語教育の素材としても幅広い日本語レベルの学習者を対象に利用することが可能になっています。これは、特に、地域型日本語教育と海外の日本語教育にとって貴重な素材です。

News Web Easy のもう１つの重要な点は、このニュースの内容が、ＮＨＫが公認したものであるということです。このことは、後述する横浜市との協働を実現する上での大きなロールモデル（目標とする形態）となりました。

［やさしい日本語のニュース（News Web Easy）］

地球《ちきゅう》の二酸化炭素《にさんかたんそ》の濃度《のうど》が 400 ppm より高《たか》くなる

環境省《かんきょうしょう》などは、人工衛星《じんこうえいせい》「いぶき」で、高《たか》さ 70 km までの間《あいだ》にある地球《ちきゅう》の空気《くうき》を調《しら》べました。その結果《けっか》、地球《ちきゅう》の気温《きおん》が上《あ》がる原因《げんいん》になる二酸化炭素《にさんかたんそ》の平均《へいきん》の濃度《のうど》が、去年《きょねん》12 月《がつ》に 400.2 ppm、ことし 1 月《がつ》に 401.1 ppm になりました。2009 年《ねん》に調《しら》べ始《はじ》めてから、400 ppm より高《たか》くなったのは初《はじ》めてです。（後略）

・・

［普通のニュース］

地球全体の二酸化炭素濃度 初めて 400 ppm 超

地球全体の二酸化炭素の濃度が上昇し、去年 12 月に初めて 400 ppm を超えたことが、日本の人工衛星の観測で分かりました。このままでは集中豪雨や干ばつなどの異常気象のリスクが増すとして、環境省は温暖化対策を急ぐ必要があると警告しています。

これは環境省や国立環境研究所などが打ち上げた観測衛星「いぶき」の観測で分かったもので、高度 70 キロまでの地球全体の二酸化炭素の平均濃度が去年 12月に 400.2 ppm を観測しました。平成 21 年に観測を始めて以来、400 ppm を超えたのは初めてで、ことし 1 月にも 401.1 ppm を観測したということです。（後略）

図 2-5　NHK News Web Easy の記事の例（2016. 5. 24）

公的文書の書き換えと横浜市との協働事業

〈やさしい日本語〉の第二の実践例は公的文書の書き換えとその発展形式としての横浜市との協働事業です。

公的文書(ここでは、地方自治体が住民向けに提供する文書を指すものとします)は、住民にとってわかりにくいものであるという批判が以前からありました。〈やさしい日本語〉という考え方を実践する上で、筆者たちの研究グループでは、この公的文書を〈やさしい日本語〉に書き換えるという作業を深く研究しました[20]。

前に、阪神・淡路大震災の際に、日本語も英語も不自由だった外国人が二重に被災したということを述べましたが、このことを象徴する出来事を紹介します。

震災時、公園に自治体の次のような掲示が出されたそうです。

「容器をご持参の上、中央公園にご参集ください。」

この掲示を、母語に漢字を持たない非漢字圏の一般的な外国人が見た場合、「中央公園」以外はほぼ理解不可能だろうと思います(これは耳で聞いた場合も同様ですが、耳で聞いた場合だと、中国語母語話者のような漢字圏の外国人でも理解は難しいかもしれません）。

こうした文面は公的文書では一般的なものであるかもしれません。しかし、外国人住民にとっては、こうした表現の仕方は極めて不適切で、例えば、次のように言う必要があります。

「入《い》れるものを持《も》って、中央公園《ちゅうおうこうえん》に集《あつ》まってください。」

こうした事例をきっかけに、筆者たちは公的文書の書き換えの作業に取りかかりました。(21) ここでは、岩田（2014）で取り上げられている例をもとに、公的文書のどのようなところに問題があるかを考えてみたいと思います。

最初の例は、「保育園の入園について」の「入園基準」の一部です。

1　昼間に居宅外で労働することを常態としている場合

2　昼間に居宅内で乳幼児と離れて日常の家事以外の労働をすることを常態としている場合

3　妊娠中であるか又は出産後間がない場合（4以下省略）

（岩田 2014 より）

この3項目のうち、特に最初の2項目は、日本語母語話者でも高齢者、障害者など、こうした文体に慣れていない人にとっては理解が難しいと考えられます(ちなみに、筆者たちが公的文書の書き換えに関して自治体の関係者と話をする際によく聞かれるのが、〈やさしい日本語〉による書き換えは高齢者や障害者にも使えるかということです。これには、これらの人たちにとって、現在の公的文書が理解しづらいものであり、そのことが公的サービスの提供に当たって深刻な問題になっていることを反映しています)。

この項目は次のように書き換えれば、わかりやすくなると思われます。(22)

1　昼、いつも外で働いている場合

2　昼、いつも赤ちゃんと離れた場所で仕事をしている場合

3　妊娠しているか、赤ちゃんを産んでから時間が経っていない場合

一方、次の例などは、内容を正確に理解するのが非常に困難であるように思われます。

『県営住宅入居者募集』の一部

入居者が60歳以上の方又は昭和31年4月1日以前に生まれた方であり、かつ、同居し又は同居しようとする親族のいずれもが60歳以上の方若しくは昭和31年4月1日以前に生まれた方又は18歳未満の方である世帯。

（岩田2014より）

これは、次のように書き換えないと意味がとれないと思われます。

県営住宅に住むことができるのは、次の2つの条件に合う世帯だけです。

1　申し込む人（入居者）が53歳以上である[23]

2　いっしょに住む人の中に、18歳から52歳までの人が1人もいない[24]

このように、公的文書を書き換える際には、必要な情報だけを残すことと、情報をわかりやすく整理することが必要になります（より詳しいことは、岩田（2014）を参照してください）。

こうして、私たちは公的文書の書き換えを進めていったのですが、その過程で大きな問題に突き当たりました。それは、書き換えた内容の承認（authorization）の問題です。すなわち、書き換えた内容を自治体が認めてくれるかということです。この点の保証がなければ、いくら書き換えを精緻化したとしても、それは「絵に描いた餅」になってしまいます。

この懸念は横浜市の協力によって消えることになりました。横浜市広報局広報課の担当者の方々のご尽力により、筆者が研究代表者を務める科学研究費の研究グループと横浜市との協働で、2018年4月以降に横浜市のホームページが刷新されるのを機に、その中の〈やさしい日本語〉版の内容を大幅に見直すことになりました。

この事業は具体的には、次のようなものです。

まず、行政用語の中で、特に頻度や重要度が高く、かつ、〈やさしい日本語〉に書き換えるのが適当と判断されるものについて、横浜市の職員、前記研究メンバーおよび横浜市の外国人住民の三者が集まって協議して、その「定訳」を決めていくという作業を行っています。

さらに、それらを踏まえて、行政文書を作成する職員を主な利用者とする、「公的文書書き換え支援システム」を構築しています。これを用いることによって、例えば、行政文書をわかりにくくすると言われている「非情の受身」を使った場合に警告(アラート)を出すといったことが可能になります。

非情の受身というのは、「門が閉められた。」「国旗が掲揚された。」のように、主語がもの

（「非情物」）である受身文のことです。次に引用するのは、行政文書にこの非情の受身が多用されていることの弊害を述べた井上ひさし氏の文章です。

さてもうひとつ、大いに幅をきかせている受身表現がある。『朝日』夕刊の第一面トップは五十三年度の農業白書の内容紹介で、たとえばこうなっている。

「大規模農家を中心に、借地などによって規模拡大を図る動きが強まっている。また、世帯主が五十歳以上で跡継ぎのいない農家が約百万戸あるので、今後、中核的農家への土地利用の集積が見込まれる」「農業を従とする第二種兼業農家は、社会の安定層として地域社会の維持、発展に寄与することが期待される。しかし、出稼ぎ、日雇いなど不安定な兼業もうち三割ほどあるので、雇用の安定に努めるべきだ」。こうしたことが白書のポイント。……

右の農業白書の記述がなんとなく無責任に見えるのはなぜであろうか。傍線の部分が、

……と考えられる　……成行が注目される　……と思われる

……とみられる　……が思い出される

などと同じ、あの悪名高い「自然可能的な受身」になっているせいである。「なすがま

ま」「なされるがまま」「自然になるようになる」といった調子で書かれているから無責任な印象を受けるのである。危機に瀕した日本農業を、農民と共に、死にものぐるいですこしでもましな方向へ推し進めて行かねばならぬはずの農林水産省が、他人事のように、あるいは宿命論者よろしく、自然可能的な受身表現でレポートを記す。たいした度胸であると感心せざるを得ぬ。白書ぐらい受身抜きで書いてみたらどうなのかね。

（井上ひさし『私家版日本語文法』）

なお、公的文書で受身文を使うことを避けるべきであることは、英語でも、U.S. Securities and Exchange Commission（1998）などで指摘されています（庵 2013a 参照）。ここで、この文献の説明を具体的に紹介します。

この文献は、アメリカ証券取引委員会（U.S. Securities and Exchange Commission）が、より明確な情報公開を目的に、情報をわかりやすい英語（Plain English）で提供するためのハンドブックとして公開しているものです。その中で、受身について次のように書かれています。

以下に挙げるのは、能動態と受動態を簡単に理解する方法である。

能動態

The investor buys the stock.（投資家は株を買った。）

能動態の場合、文の主語（投資家）が株を買うという行為をしたことがはっきりする。

受動態

The stock is bought by the investor.（株は投資家によって買われた。）

受動態の場合、文の主語（株）は行為の影響を受けたものであり、行為をした人や物はbyで導入される。しかし、この行為者が省略されることがあり、その場合は、次のようになる。

動作主が省略された受動態

The stock is bought.（株は買われた。）

こうなると、だれが買ったのかがわからなくなる。情報開示の文書の中に、このような「動作主が省略された受動態」の例が数多く見られる。

読者は、能動態の方が速くかつ容易に情報を理解できる。それは、能動態が私たちの思考および理解の過程と合致しているからである。多くの場合、受動態が使われると、読者は、受動態を能動態に変換しなければならないため、情報の処理に余計な時間を要することになる。

(U.S. Securities and Exchange Commission 1998: 19. 和訳は庵)

ここで指摘されていることは、日本語の文書(公的文書に限らず)にもほぼ同様に当てはまります。その上で、このハンドブックは、「受動態を使うのは、はっきりした理由があるときに限るべきである。迷ったら能動態を使いなさい」と述べています。

さらに、「公的文書書き換え支援システム」には、公的文書のわかりやすさをいくつかの指標をもとに計算し点数化して表示する「診断システム」も搭載する予定です。こうした作業の前提として、前述した〈やさしい日本語〉の考え方や具体的な形式が利用されています。

この横浜市との協働作業の最も重要な成果は、公的文書の書き換えを、公的文書の作成者との協働で行うことによって、書き換えに自治体の承認を得たということです。前述のNHKのNews Web Easyの場合もそうですが、こうした書き換えを公的な機関の承認を得て行うことによって、その書き換えを「絵に描いた餅」にせず、実効性のあるものにすることが可能になっているのです。

居場所作りのための〈やさしい日本語〉

以上、本章では、〈やさしい日本語〉がどのようなものであるかについて述べてきました。ここで、〈やさしい日本語〉に求められる性質を再掲します。

1　初期日本語教育の公的保障のための〈やさしい日本語〉
2　地域社会の共通言語としての〈やさしい日本語〉
3　地域型初級としての〈やさしい日本語〉

この3つに共通しているのは、外国人が日本社会に適応するために必要なことという点です。外国から日本に来て、ことばの点だけでも大きな不安を抱えている人たちにとって、何にもまして必要なのは、安心感です。自分はここでやっていける、ここが自分の居場所だという感覚を得られることです。そのためには、「母語でなら言えることを日本語で言える」ようになることが非常に重要です。

この点に関して、一橋大学のイ・ヨンスク氏の指摘を紹介します（イ 2013）。

まず、イ氏は自分自身の次の経験を紹介します。

用事があって外国人登録証明書の発行を市役所に頼みに行ったところ、その窓口の人は、まるで子どもに向かって言うような口のきき方をするのでびっくりしました。「ほらほらあなた、忘れないでね」「だめじゃないの、そんなことしたら」「明日までに持ってくること。わかったわね」というような感じです。窓口に来た日本人には、絶対にこんな言い方はしないはずです。

その上で、「この種の発話を「やさしい日本語」の例だと考えると、外国人はひたすらメッセージを受け取るだけの存在となってしまうから」問題であり、「これではいつまでたっても「外国人」は受身の存在にとどまる」しかないと指摘しています。

この指摘からも、「母語で言えることを日本語でも言えるようにする」ことが極めて重要であることがわかります。こうした特徴を持つ〈やさしい日本語〉を、「居場所作りのための〈やさしい日本語〉」と呼ぶことにします。

ここで重要な役割を担うのが「ボランティア」です。

これまで、地域型日本語教育という言い方をしてきましたが、厳密には、地域の日本語教室に最も求められる機能は、「教育」ではなく、その教室が外国人にとっての「居場所」になることです[25]。言い換えれば、そこに行けば、日本人が相談に乗ってくれる、自分たちの立場に立って考えてくれるという安心感を外国人が抱けることが何よりも重要であり、そうした立場に立った活動ができることこそが、「ボランティア」が担うべき最も重要な仕事なのです。そうした信頼関係（心理学で言う「ラポール」）が形成されて初めて、「教育」が可能になるのであり、そうした関係性の構築を抜きにしては、どのようなやり方をとっても効果は得られないのです。

地域型日本語教育をめぐってはさまざまな考え方がありますが、以上のことを前提にすることが何よりも重要であると筆者は考えています。

本章のまとめ

本章では、言語的マイノリティーとの共生という観点からの考察の第一歩として、定住外国人に対する情報提供について考えました。

定住外国人への情報提供は、災害時（阪神・淡路大震災）におけるものから出発しました。「やさしい日本語」という語が専門用語として用いられたのはこのときが初めてです。

これに対し、本書で言う〈やさしい日本語〉は平時における外国人への情報提供というところから出発しました。本章では、こうした情報提供の具体的な形として、NHKのNews Web Easyと、筆者たちの研究グループによる公的文書の書き換えおよびその発展形式である横浜市との協働事業について紹介しました。

一方、考察を進めた結果、この意味の〈やさしい日本語〉には3つの性質があることがわかってきました。それぞれは相関するものですが、特に、初期日本語教育の公的保障および地域型初級という観点から〈やさしい日本語〉をとらえたとき、必要とされる要素が決まってきます。すなわち、ステップ1、2という形で取り出された文法項目を習得することにより、外国人が「母語で言えることを日本語で言える」ようになります。さらに、日本語母語話者が、そうした外国人の日本語に合わせて自らの日本語を調整することを実践すれば、〈やさしい日本語〉が「地域社会の共通言語」として成立することになります。そして、そのことに成功すれば、外国人と地域社会の日本語母語話者の間に信頼関係が形成され、外国人が地域社会の中で安心して生活できるようになります。

本章で述べた意味の〈やさしい日本語〉は「居場所作りの〈やさしい日本語〉」と呼ぶことができるものですが、その実践においてボランティアが果たす役割は極めて大きなものがあります。

注

（1）齋藤瑶子「店内放送からみた銀座のデパート」(http://www.chs.nihon-u.ac.jp/jp_dpt/kisoen/tanaka_kisoen2_2011/page06-1.html) 参照。

（2）公的な標識における言語は、その国の公用語であるのが一般的なので、日本語以外に公用語になりうる言語がない日本において、標識の言語が英語だけであるのは仕方がないことであると考えられます。これは、後述する「多言語」や〈やさしい日本語〉による情報提供が必要という議論とは区別して考えるべきことです。

（3）国土地理院が２００４年度に発表した以下の調査結果によると、国内で刊行されている外国人向け地図やパンフレットでは約71％が長音を表記していなかったとのことです。

「ローマ字表記地図および地図記号に関する実態調査作業」(国土交通省国土地理院　平成16年度調査研究年報) http://www.gsi.go.jp/common/000010189.pdf

（4）この標識は、アルファベットではなく、日本語の表記であるカタカナで書かれていることから、外国人を対象とするものではないとも考えられます。しかし、この標識は英語がわかる外国人には理解できないという点で、アルファベット表記の和製英語と同様に、(公的な掲示物としては)問題であると言えます。

（5）この点について詳しくは、イ(2013)を参照してください。

（6）東京都国際交流委員会(2012)「日本語を母語としない人への情報発信等に関する実態調査」(http://www.tokyo-icc.jp/topics/nihongo.html)を参照してください。

（7）世界の多くの国では、2つ以上の言語が「公用語（official language）」として使われています。

（8）法務省在留外国人統計（旧登録外国人統計）統計表。「韓国・北朝鮮（朝鮮民主主義人民共和国）」（「中国」）には、特別永住者を含みます。

（9）各国・地域の公用語については、次のウェブサイトの記述に従いました（https://ja.wikipedia.org/wiki/各国の公用語の一覧#.E3.82.B9）。

（10）「累積％」というのは、そこまでで全体の何％になるかを示したものです。例えば、中国語と韓国語・朝鮮語を合わせると全体の54・48％になるということです。

（11）「ほんやくコンニャク」は、それを食べると、自分の話が相手にはその人の母語として聞こえ、相手の話が自分の母語として聞こえる、という食べ物です。

（12）本書執筆中に発生した熊本地震でも、同様の問題が起こっているようです。
「熊本、被災外国人が苦悩　言葉の壁で情報得にくく」（日本経済新聞２０１６・５・２）。

（13）こうした災害時の情報提供のための「やさしい日本語」の研究は佐藤和之氏を中心に続けられています。詳しくは次のウェブサイトを参照してください。
http://human.cc.hirosaki-u.ac.jp/kokugo/EJ1a.htm

（14）以下、この意味のやさしい日本語を〈やさしい日本語〉と表記します。

（15）この考え方に至る上で、筆者は、外国にルーツを持つ子どもたちの問題を中心に長年外国人の問題に携わってきた法政大学の山田泉氏の「補償教育」という考え方に大きな影響を受けました。「補償教育」について詳しくは山田（2002）を、「補償教育」と〈やさしい日本語〉の関係について詳しくは庵（2014a）をそれぞれ参照してください。

(16)　こうした考え方は1990年代から日本語教育の世界で共有されてきています。この点について詳しくは庵(2013b)、牲川(2012)を参照してください。

(17)　庵(2015a, 2015b)などの文献ではstepとアルファベット表記していますが、本書は縦書きで、アルファベット表記だと読みにくくなるため、カタカナ表記に変更します。

(18)　大学の日本語教育では、1コマ90分の授業を、予習復習なども考慮して2時間に換算するのが一般的です。この表では、初級は週10コマ、中級以上は週5コマの授業をとるとして、このようにしています(これは、筆者の勤務校での実態におおむね沿ったものです)が、特に中級以上の時間数については、教育機関や学習者ごとに変動があります。

(19)　News Web Easyの取り組みについて詳しくは、田中ほか(2013)を参照してください。なお、ここで用いられている文法項目は必ずしも次章で説明するステップ1、2と同じではありません(その点に留意して、やさしい日本語を〈　〉で囲んでいません)が、基本的な考え方は共通しています。

(20)　公的文書の書き換えは、筆者が研究代表者を務めた次の2つの科学研究費補助金(科研費)の研究成果の一部です。

基盤研究(A)「やさしい日本語を用いたユニバーサルコミュニケーション社会実現のための総合的研究」(平成22年度〜25年度)(課題番号22242013、研究代表者：庵功雄)。

基盤研究(A)「やさしい日本語を用いた言語的少数者に対する言語保障の枠組み策定のための総合的研究」(平成25年度〜28年度)(課題番号25244022、研究代表者：庵功雄)。

（21） 公的文書の書き換えについては、庵・岩田・森（2011）、岩田（2014）を参照してください。
（22） こうした書き換え文は、原則として総ルビにしますが、本書では読者にとっての読みやすさを考え、以下、ルビは省略します。
（23） 岩田（2014）によると、「60歳以上の方又は昭和31年4月1日以前に生まれた方」というのは、この文書が公開された時点で53歳以上の人という意味であるそうです。
（24） この文を直接書き換えると、「いっしょに住む人が、みんな、53歳以上であるか、18歳未満であるか」となりますが、これだと、「みんな」が指す内容があいまいになる（全員53歳以上、全員18歳未満、のどちらかでなければならないと勘違いしやすい）ので、ここで挙げたような書き換えにしました。
（25） この意味で、地域日本語教室に求められるのは、「教育」ではなく、「学び合い」であると言えます。「教育」というと、どうしても「教える」側から「教わる」側への一方向的になりがちですが、そうではなく、外国人の経験に学ぶという双方向的な「学び合い」の意識を持つことが地域日本語教室を有意義な場にするためには必要です。こうした活動を行う上で役に立つ教材に庵監修（2010, 2011）があります。

第3章

〈やさしい日本語〉の形

第2章では、外国人への情報提供という観点から考察を進め、〈やさしい日本語〉という考え方が誕生した経緯を述べました。本章では、その議論を受け、日本語学、日本語教育の観点から、〈やさしい日本語〉の具体的な形について述べます。なお、本章の内容は、日本語学、日本語教育に関する一定の知識を必要とするものですので、内容が難しく思われる方は本章を飛ばして次章以降を読み進めていただいても、それ以降の内容の理解に支障はありません。

〈やさしい日本語〉が満たすべき条件

前章で見たように、〈やさしい日本語〉は次の3つの条件を満たす必要があります。

1　初期日本語教育の公的保障のための〈やさしい日本語〉
2　地域社会の共通言語としての〈やさしい日本語〉
3　地域型初級としての〈やさしい日本語〉

このうち、〈やさしい日本語〉が形式の上で満たす必要があるのは、1と3の条件です。

まず、条件1については、前章で見たように、「体系的であること（体系性）」「短時間で学べること（簡潔性）」が求められます。

一方、条件3については、これも前章で見たように、地域型日本語教育には学校型日本語教育とは異なる独自の初級の文法シラバス（「地域型初級」）が必要です。

以下、本章では、この2つの条件を満たすものとして、〈やさしい日本語〉の具体的な形について論じます。

学校型日本語教育と地域型日本語教育

初めに、学校型日本語教育（以下、「学校型」）と地域型日本語教育（以下、「地域型」）はどのように異なるのかを少し見ておきます。

学校型における文法項目の教え方の枠組み（パラダイム）は、統語論（狭い意味の文法）に関わる要素は初級で全て扱い、中級以降は複合格助詞などのやや周辺的な要素を扱うという形になっています（小林 2009）。

学校型の初級では192個程度の文法項目が扱われています（渡部 2015）。もちろん、これらを全て同じ重要度で扱うわけではありませんが、それにしても、非常に数が多いと言えます。

ところで、この192個は「初級で」必要なものばかりなのでしょうか。そうではないことが最近の研究でわかってきています。

一例として、「推量の「でしょう」」について考えてみます(庵2009)。

「でしょう」には、(1)のような推量(「たぶん〜(だ)」という意味を表す)と、(2)のような確認の意味があります。[1]

(1) 明日は雨が降るでしょう。(推量)

(2) 向こうに赤い屋根の家が見えるでしょ(う)。あれが私の家です。(確認[2])

ここで、コーパス(言語分析のために、コンピューターで検索ができる形で蓄えられた電子データ)を使って用例を調べてみると、推量と確認では確認が圧倒的に多く、推量の場合でも、「でしょうか、でしょうね」のように終助詞をともなう用例が圧倒的多数を占め、(1)のように「でしょう」が終助詞をともなわない「裸の」の形で使われることはほとんどない(「でしょう」全体の5%程度)こと、さらに、その数少ない用例も、天気予報のように、「専門家がその知識にもとづいて意見を述べる場合」に限られており、重要度は極めて低いことがわかりました。

これと同じように、「初級」で必要か否かという観点から、現在の初級文法項目を調べてみると、そのかなりの部分は「初級」では不要ということがわかりました（山内2009、庵2015a）。

この点を山内（2009）にそくして少し説明します。

ＯＰＩ（Oral Proficiency Interview）というものがあります。これは、学習者の日本語を話す能力を測定するもので、学習者の日本語能力のうち、主に、聞く、読む、に関する能力を測定する日本語能力試験とは異なる考え方に基づいています。

ＯＰＩは具体的には、テスターと呼ばれる日本語母語話者が学習者に1対1でインタビューを行い、テスターが提示するさまざま課題に学習者がどのような形で答えられるかに応じて、学習者を、初級、中級、上級、超級に判定するものです(3)。

ＯＰＩの録音データを文字起こししてコーパスとしたのがＫＹコーパスです（Ｋは鎌田修氏、Ｙは山内博之氏の名字のイニシャルを取ったものです）。このコーパスは、3つの母語（英語、中国語、韓国語）と4つのレベル（初級、中級、上級、超級）に均等にデータが割り当てられ使いやすいため、第二言語習得の研究で広く使われています。

山内氏は、このＫＹコーパスをレベルごとに詳細に分析し、そこから、中級、上級、超級に必要な文法形式を抽出しています。具体的には、例えば中級であれば、ＯＰＩで中級と判定された学習者が安定的に使っている文法的な形態素(4)を抽出しています。そのリストは次の通りです(山内2009参照)。

(3) が、を、に、と、から、より、で、の、について
は、も、ぐらい、だけ
とか、と
です、た、ます、(ませ)ん、ない、たい、ようだ
ている
か、ね
て、けど、たら、たり、とき、ため
でも、じゃ、それから、で
あのー、えーと、えー

(3)に挙げられている項目数は38個にすぎません。これは、先に挙げた初級教科書で扱われている文法項目数192個と比べて圧倒的に少ないですが、これだけの項目が適切に使えれば、

話す能力は中級と判定されるということですから、少なくとも話すということについては、この程度で問題ないということなのです。そして、これは全く偶然なのですが、後述する筆者による地域型初級のためのステップ1、2の文法項目と(3)とは相当部分において重なるのです。

このことについて考えるために、以下で述べる文法シラバスにおいて重要な意味を持つ、理解レベルと産出レベルということについて説明します。

言語を構成する基本的な要素のうち、文法と語彙には、意味がわかればいいものと、意味がわかった上で使える必要があるものがあります。前者を理解レベル(の要素)、後者を産出レベル(の要素)と呼びます。例えば、「事由」と「理由」は、意味はほとんど同じですが、前者は多くの場合、法律、行政関係でのみ使われます。したがって、こうした仕事に従事する人以外の大部分の日本人にとってはこの語は理解レベルです(日本語の語なので、実際に目にしたときに意味がわかる必要はあります)。一方、「理由」は明らかに産出レベルです。

理解レベルと産出レベルの語ではどちらが多いのでしょうか。正解は理解レベルです。現代語のみを載せている小型の国語辞典でも5～7万語程度を収録しています。一方、日本語母語話者が通常の言語生活を行う上で必要な語数は1万語程度と言われています。そうすると、差し引き4～6万語が理解レベルということになるわけです。このように、母語であってさえ理解レベルの方が圧倒的に多いのですから、われわれが外国語でまとまった話をする場合を考えても、外国語では産出レベルはずっと少なくてもよい(というよりも、そうならざるを得ない)ことがおわかりになると思います。

このことを踏まえて、(3)を解釈すると、次のようになります。

OPIのように、正式なインタビューを外国語で受ける場合、学習者に最も普通に見られる態度は、自分が確実に使える文法形式だけを使うというものであると考えられます。もちろん、中には果敢な学習者もいて、あまり自信のない形式を使う場合もありますが、全体としては、あまり挑戦的なことはしないというのが普通であると言えるでしょう。ということは、(3)で現れた形式は初級修了程度の学習者にとっての産出レベルの文法項目であると解釈できるのです。

このことを逆に考えれば、いくら知識として知っていたとしても、この段階ではその項目は産出レベルにはなっておらず、理解レベルに留まっているということです。

ここで、学習者の日本語学習の目的(目標)が、近年までのように、上級まで進んで日本語を使った職に就くといったことにある場合は、初級では理解レベルの項目であっても、「いずれは使えるようにならなければならない」から初級で導入すればいいという考え方は妥当であると言えるかもしれません(実際、これまでの文法シラバスはそうした考え方のもとに作られていると言えます)。しかし、学習者の日本語学習の目的(目標)が必ずしもそうしたところにはなく、前章で見たように日本の中に自らの「居場所」を作ることにある場合には、こうした考え方は不適切であると言えます。なぜなら、そうした場合に必要なのは、今のレベルで、「母語で言えることを日本語で言える」ことだからです。

以上のことから、〈やさしい日本語〉が満たすべき形態について、次のことがわかりました。

(4) a 〈やさしい日本語〉で重要なのは、理解レベルより産出レベルである。
b 産出レベルで必要である項目数は(かなり)少ない。

〈やさしい日本語〉の実相

ここまで、〈やさしい日本語〉に求められる性質を考えてきました。ここからは、そうした〈やさしい日本語〉がどのような形になるかを具体的に見ていきたいと思います。

まず、〈やさしい日本語〉は、「初期日本語教育の公的保障」の対象としての条件を満たす必要があります。この意味の初期日本語教育は50〜100時間程度と想定され、仮に文字学習をその中に含めないとしても、[5] 時間がかなり限られることは間違いありません。このことから、文法項目は最小限に圧縮されている必要があります。その一方で、無差別に項目を減らせばいいわけではありません。

〈やさしい日本語〉は定住外国人が日本社会の中で日本語を使って生きていく上での基盤を作るものです。その際に重要なのは「母語で言えることを簡単な文型を使って日本語で言える」ことです。それは、前章で引用したイ・ヨンスク氏の指摘にあるように、日本語で自分が言いたいことを言えるようにならない限り、外国人はいつまでも日本語母語話者の下に置かれ続けることになるからです（イ 2013）。

ここで考える目標を満たすためには、文法項目（文型）を減らすことが重要です。しかし、無秩序に項目を減らせばいいというわけでなく、「母語で言えることを日本語でも言える」ことを保障しなければなりません。そのためには、日本語文の構造にそくして考えることが重要です。次にこの点について説明します[6]。

日本語文の構造（単文）

日本語の文は大きく単文と複文に分かれます。このうち、単文は、次のように、文の事実関係に関わる「命題」を表す部分と、その内容に関わる話し手の判断などを表す「モダリティ」を表す部分からなります。

(5) 文→命題＋モダリティ

例えば、次の文では、「明日雨が降る」が命題、「かもしれないね」がモダリティを表します。

(6) 明日雨が降るかもしれないね。

「モダリティ」は、命題の内容に関する話し手の判断を表す「対事的モダリティ」と、聞き手への伝達の仕方を表す「対人的モダリティ」に分かれます。以上をまとめると、次のようになります。

(7) 文→ 命題 ＋ 対事的モダリティ ＋対人的モダリティ
明日雨が降る かもしれない ね。

ここで、次の文を考えてみましょう。

（8）太郎は警察に逮捕されていなかったようだよ。

この文の命題、対事的モダリティ、対人的モダリティはそれぞれ次のようになります。

（9）命題：太郎が警察に逮捕されていなかった（こと）[7]
　　対事的モダリティ：ようだ
　　対人的モダリティ：よ

ここで、命題部分を見ると、文法的な意味（受身、否定など）を表す形態素が連鎖していることがわかります。この文法的意味を類型化したものを文法カテゴリーと言います。

（10）命題[8]：逮捕され―てい―なかっ―た
　　受身―継続―否定―過去　　文法的意味
　　ボイス―アスペクト―肯否―テンス　　文法カテゴリー

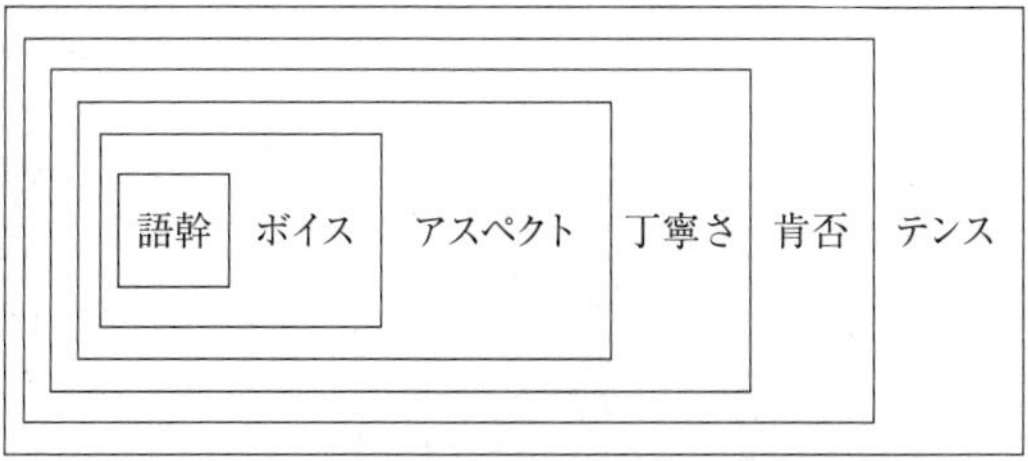

図 3-1　文の階層構造(命題の中の述語部分)

図 3-2　文の階層構造(命題とモダリティ)

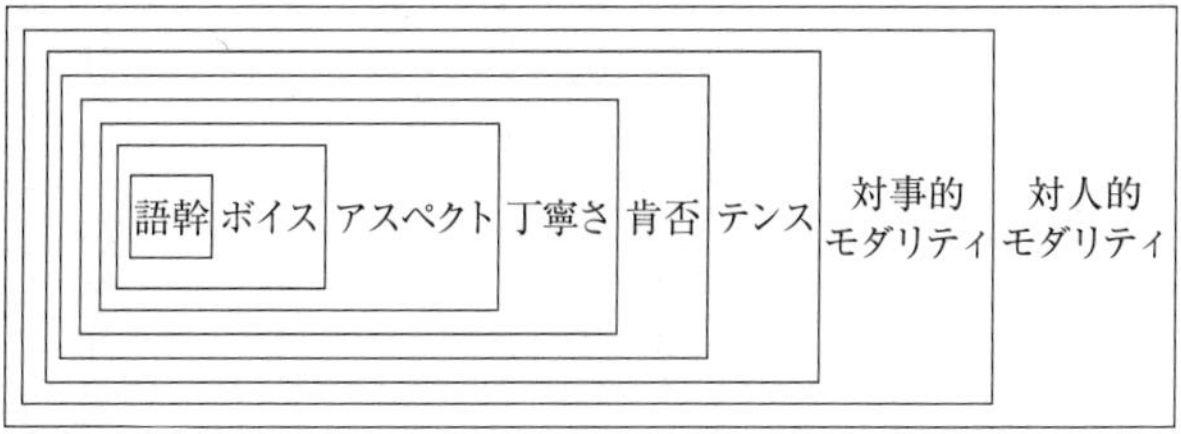

図 3-3　単文の階層構造

日本語では、命題に含まれるこれらの文法カテゴリーの配列順序はこの通りで変更できません。このような関係を文の階層構造と呼びますが、これを図示すると**図3-1**のようになります[9]。さらに、命題とモダリティの間にも階層構造があります(**図3-2**)。したがって、単文の構造は**図3-3**のようになります。

図3-3は、日本語の単文の「全体像」を表しています。言い換えれば、この

図の要素を全て含めば、原理的には日本語を使って森羅万象を表すことができるということです。このことは、〈やさしい日本語〉に課される第一の条件である「体系性」という点にうってつけです。

1機能1形式

一方、〈やさしい日本語〉に課される第二の条件である「簡潔性」を保障するために、〈やさしい日本語〉では「1機能1形式」という考え方を採用しています。つまり、(ほぼ)同じ意味を表す文法形式が複数ある場合はそのうちの1つだけを採用するということです。例えば、「条件」を表す表現には「と、ば、たら、なら」がありますが、その中から「たら」だけを採用するということです。

ここで、条件を表す表現として「たら」だけを採用するということには次のような根拠があります。[10]「と、ば、たら、なら」のうち、「なら」が表す条件としての意味は「と、ば、たら」とは異なるため、考察対象から外すと、「と、ば、たら」の使い分けには方言の影響があることが知られています。真田(1989)、田尻(1992)をもとにこのことを考えてみましょう。

表3-1　「と」「ば」「たら」使用の地域差

	と			ば			たら		
	東京	大阪	福岡	東京	大阪	福岡	東京	大阪	福岡
(11)	4	0	11	94	20	59	2	78	30
(12)	75	4	41	16	13	31	8	83	28
(13)	0	0	9	0	0	10	100	100	81
(14)	0	0	5	6	0	42	26	91	53

(11) もっと早く{起きると／起きれば／起きたら}よかった。
(12) 右に{行くと／行けば／行ったら}、ポストが見えます。
(13) もし火事に{なると／なれば／なったら}どうしよう。
(14) あの人が{書くと／書けば／書いたら}、私も書く。

表3-1は、(11)〜(14)で「と」「ば」「たら」のどれを使うかということを、東京、大阪、福岡で調査し、百分率で表したものです。[11] この表から、同じ文を「共通語として」解釈したとしても、その許容度に大きな違いがあることがわかります。

現在の日本では、東京方言(共通語)を母方言とする話者は少数派で、大部分の話者は、東京方言以外を母方言とする、共通語と方言の二言語使用者(バイリンガル)です。[12] そのため、そうした話者が持っている「共通語」の知識には母方言の影響が見られます。

筆者自身の例を挙げたいと思います。筆者は大阪方言話者で、大学院修了まで大阪で生活していました。大学院在籍中に利用していた地下鉄御堂筋線の淀屋橋―梅田間では、当時(1990年代前半)次のようなアナウンスが流れていました。

(15) 列車が曲がります。ご注意ください。

この表現は「共通語として」、筆者には全く違和感がありませんでしたが、その後、次のような表現に変わりました。

(16) 列車がカーブを通過します。ご注意ください。

なぜ、(15)が(16)に変わったのかを確かめたわけではありませんが、おそらく、(15)を聞くと、東京方言話者は列車が変形するように感じるといったことがあったのではないかと推察します。これは、東京に移った後、この件を東京圏の各地で話したときの聴衆の意見から考えて、おそらく間違いないものと思います。

このように、同じ「曲がる」という動詞でも、東京方言と大阪方言では微妙に用法が異なります。[13] (15)の使い方は「方言の干渉を受けた共通語」の例ですが、沖(1999)などが指摘しているように、こうした用法は「気づかれにくい方言」であり、何かのきっかけがない限り、それが方言の（影響を受けた）言い方であることには気づかないと思われます。

こうした現在の言語状況を考えると、「と、ば、たら」の使い方に「母語話者間でも」判断のゆれが見られるのは十分ありうることだということがわかります。そうだとすれば、そのように「あやふやな」区別を初級で導入することには意味がないと考えられるのです。

以上のような点を踏まえ、また、複文についても同様の考察を行い、前述の理解レベルと産出レベルの区別も取り入れて、文法シラバスを作ると**表３-２**のようになります[14]。

なお、ここでは、初級（地域型初級）を初級前半に当たるステップ１と初級後半に当たるステップ２に分けて考えています。ステップ１とステップ２の違いは「活用」の有無で、地域型日本語教育では、「活用」が難易度を考える上で重要であるという判断に基づいています[15]。

この表に関連して、日本語教育や日本語学で使われている用語の中で、以下の理解に最低限必要なものについて、簡単に説明します。

まず、日本語で文の述語になれるのは、動詞、形容詞と名詞ですが、名詞は単独では述語になりにくく、「だ／です／である」を伴う必要があります（例：○彼は学生｛だ／です／である｝／？彼は学生ϕ[16]）。以下ではこれを「名詞＋だ」と表記します。

動詞、形容詞、名詞を述語とする文をそれぞれ、動詞文、形容詞文、名詞文と言います。

表3-2　地域型初級の文法シラバス

ステップ1の文法項目	
名詞(N)文 形容詞文 動詞(V)文 ナ形容詞(naA) イ形容詞(iA)	～はN・naAです。／N・naAですか？／N・naAでした。 ～はN・naAじゃありません。／N・naAじゃないです。 ～はN・naAじゃありませんでした。／N・naAじゃなかったです。 ～はiAです。／iAですか？／iAかったです。 ～はiAくありません。／iAくないです。／iAくありませんでした。／iAくなかったです。 ～はVます。／Vますか？／Vました。／Vません。／Vませんでした。 〈応答〉王さんは主婦ですか？　はい、そうです。／いいえ、違います。 〈応答〉昨日、会社に行きましたか？　はい(行きました)。／いいえ(行きませんでした)。
助詞	～を　～の(所有格)　～の(準体助詞)　～φ(昨日φ洗濯をしました) ～に(時間、行き先、場所、相手)　～で(場所、手段)　～と(相手)　～が(目的語) ～から、～まで(時間)　～と(並列助詞)　～も　～よ　～ね
疑問詞	誰　何　何○(何時、何年、何歳、何個)　どこ　いつ　どれ・どっち　どう　どうやって
指示詞	これ／それ／あれ　この／その／あの＋N　こっち／そっち／あっち　ここ／そこ／あそこ
モダリティ	たぶん～です。／ます。　バナナを食べたいです。(願望)
接続詞	A。それから、B。　A。それで、B。　A。そのとき、B。
その他	数字　曜日　…に～があります。／います。　～には弟がいます。(所有動詞「いる」)

表 3-2　地域型初級の文法シラバス(つづき)

ステップ 2 の文法項目	
産出レベル	
形態論	〜て(テ形)　〜た(タ形)　辞書形　〜ない(ナイ形)
助詞	〜が(主語)　から、まで(場所)　しか(〜ない)
形式名詞	こと　もの
文型	〜は…ことです。 〜たり〜たりします。
ボイス	〜ことができます　〜く／〜に／〜ように なります 〜てもらいます
アスペクト	〜ています　(まだ)〜ていません　〜たことがあります
モダリティ(対事)	〜と思います　〜かもしれません
モダリティ(対人)	〜てください・〜ないでください(依頼)　〜ないといけません(当為) 〜てもいいですか(許可求め)　〜たいんですが(願望・許可求め)
複文・接続詞	〜て(連続、理由)　〜てから(継起)　〜とき(時間) 〜たら(条件) 〜けど(逆接)／〜。しかし、 〜ので(理由)／〜。なので、 〜ために／〜ように／〜ための N(目的)
その他	〜んです。 どうして…んですか？― 〜からです。
理解レベル	
モダリティ(対人)	〜てもいいです(許可)　〜てはいけません(禁止)　〜ましょう(勧誘) 〜たほうがいいです(当為)　〜なさい(命令)
その他	昨日買った本(はこれです。)(名詞修飾) 田中さんが来るか(どうか)(教えてください。)(名詞化)

形容詞のうち、学校文法で「形容詞」と呼ばれるものを「イ形容詞」、同じく「形容動詞」と呼ばれるものを「ナ形容詞」と呼びます。これは、名詞を修飾するときの形がそれぞれ「―い」「―な」で終わることによる呼び方です（例：高い山〈イ形容詞〉、静かな部屋〈ナ形容詞〉）。

学校文法の活用形のうち、「終止形」を日本語教育では「辞書形」、「連用形[17]＋て／で」を「テ形」と言います。また、「未然形＋ない」をナイ形、「連用形＋た／だ」をタ形と言いますが、この場合は、丁寧形（デス・マス形）は含みません。例えば、「書く」の場合、「書かない」はナイ形、「書いた」はタ形ですが、「書きません」はナイ形ではなく、「書きました」はタ形ではありません。

辞書形、タ形、ナイ形を合わせて「普通形（plain form）」と言います。この形は、名詞修飾節（連体修飾節）や、モダリティ形式、「のだ、わけだ」などの前で使われます。ここで注意する必要があるのは、文体[18]としては「丁寧体」であっても、形式としては「普通形」を使う必要があるということです。例えば、（17）は丁寧体の文ですが正しくなく、正しくは（18）のように普通形を使わなければなりません。

（17）×田中さんはパーティーに出席しますと思います。

（18）○田中さんはパーティーに出席すると思います。

以上の点を踏まえて表3-2を見ると、ステップ1には実質的な意味で「活用」はありません。確かに、「読みました／読みません」はそれぞれ「読む」の過去／否定を表すので、活用ではありますが、これらはそれぞれ「読みます」の「―ます」と「―ました／―ません」に変えればいいだけなので、学習者の記憶上の負担は実質的にはありません。その意味で、活用はないと言えます。また、ステップ1の形式は全て産出レベルです。

ステップ2になると、テ形と普通形が登場します。これらは実質的な意味での活用形ですが、学校型とは異なり、これ以外の活用形は含めません。なお、ステップ2には理解レベルの形式も一部含まれます。

これだけの文法形式があれば、前述のように、日本語で森羅万象を表すことが可能です。したがって、この表にある項目を使いこなせるようになれば、少なくとも文法的には、「母語で言えることを日本語でも言える」ようになり、本章で考えてきた意味の〈やさしい日本語〉が満たすべき要件は全て満たされると言えます。

なお、念のために補足すると、以上のように言ったからといって、それは、「外国人にはこれだけで十分だ」と主張しているわけではありません。ここで提示したのはあくまで、日本で安心して生活するために最低限必要な日本語、ということであり、より高度な日本語を学びたい人のためにはこの上のステップも用意しています（具体的には、第4章で紹介する「バイパスとしての〈やさしい日本語〉」で扱うものがこれに相当します）。ただし、そのことで、全ての人がより上位のレベルの日本語を学ばなければならないと主張しているわけでもありません。

日本社会で生活していく中でどの程度のレベルの日本語が必要であるかは、基本的に外国人自身が決めるべきことです。本書で提案しているのは、そうした外国人の選択に対応するための日本語教育の枠組みであって、そのうちのどれかを強制するというものではないことを改めて強調しておきたいと思います。

本章のまとめ

本章では、前章で論じた〈やさしい日本語〉の性質を確認し、その目的に適した文法シラバスがどのようなものであるべきかを、日本語学、日本語教育の知見にもとづいて考えました。

具体的には、日本語学の階層構造モデルにしたがって、単文の階層構造を規定し、それに合わせて、「産出レベル中心」、「1機能1形式」を原則として、文法項目を選んで、文法シラバス（地域型初級）を考えました。これらの項目を使いこなせるようになれば、「母語で言えることを日本語で言える」ようになり、前章で見た意味の〈やさしい日本語〉が満たすべき要件が満たされることになります。

注

（1）「でしょう」は「だろう」の丁寧形なので、「でしょう」だけを問題にすることは普通ありませんが、ここで考える現象については、「だろう」と「でしょう」は別に考える必要があります（庵 2009 参照）。

（2）推量の場合は、「でしょう」の形で文末イントネーションの上昇もありませんが、確認の場合は、文末の「う」が落ちることが多く、文末は多くの場合上昇調になります。

（3）ＯＰＩについて詳しくは牧野ほか（2001）などを参照してください。

（4）形態素（morpheme）は、（単）語（word）よりも小さい単位で、それ自体意味を持ち、意味の区別に関わる最小の単位です。例えば、「日本人」は、意味的には「日本」と「人《じん》」に分けられます。この「日本」と「人《じん》」はそれぞれ形態素です。形態素の中には、「日本」のように（単）語としても使えるものと、「人《じん》」のように常に他の要素と共に使われるものがあります。前者を独立形態素、後者を拘束形態素と言います。なお、「人《じん》」は拘束形態素ですが、「人《ひと》」は独立形態素で、単独で（単）語としても使えます。

日本人　語：独立形態素＋拘束形態素

日本　語：独立形態素がそのままで語になったもの（「日本人」の中の「日本」は独立形態素）

人《ひと》　語：独立形態素がそのままで語になったもの
人《じん》　形態素：拘束形態素（そのままでは語になれない）

（5）文字学習をこの中に含めると時間が全く足りなくなるので、公的な初期日本語教育では、ローマ字を用い、仮名（ひらがな、カタカナ）および漢字の学習はその後の段階に回すのが現実的であると考えられます。

（6）以下で説明する内容について詳しくは、南（1974）、庵（2012a）を参照してください。

（7）主題を表す「は」は命題の中に入りません。これについて詳しくは、三上（1960）、庵（2003a）を参照してください。

（8）厳密には、「命題」というのは、「太郎が警察に逮捕されていなかった（こと）」全体ですが、以下では、述語部分のみを考えるので、述語以外の部分は無視することにします。

（9）丁寧さは、命題部分を取り出す操作である無題化（コト化）を行うと排除されることと、意味的には命題ではなく、モダリティに属するという点で、この図示は厳密には一部修正する必要があります。この点については、仁田（1991）を参照してください。

（10）「たら」と「なら」は似たところもありますが、条件の表し方が異なる場合もあります。例えば、次の2文を比べてみましょう。

• パリへ行ったら、バッグを買いたい。
• パリへ行くなら、バッグを買いたい。

この場合、「たら」の文では「バッグを買う」のは「パリ」でしかあり得ませんが、「なら」の文では「バッグを買う」のは日本でもかまいません。それは、「たら」の場合は、「パリへ行ったあと」になるのに対し、「なら」の場合は、今、既にパリに行くことが決まっていて、そのことを踏まえた発話としても使えるからです。そのため、次のような違いが生じます。

- ?パリへ行ったら、ビザをとらなければならない。
- パリへ行くなら、ビザをとらなければならない。

通常の文脈では、「たら」の文は不自然になります。それは、「たら」の文が表しているのが、「パリでビザをとること」になるためです。これに対して、「なら」の文は、今、既にパリに行くことが決まっていての発話として使えるので、「日本でビザをとる」ことを表せるのです。

(11)　東京、大阪は真田(1989)、福岡は田尻(1992)によります。真田氏のデータで「と」「ば」「たら」の合計が１００にならない部分は「なら」の解答があったものです。また、田尻氏の部分は田尻氏のデータの内、○の回答に3点、△に1点、×に0点を与えて割合を出したものです(田尻氏は「なら」を対象としていません)。

(12)　2つの「方言」を使用しているのに「二言語」というのはおかしいと思う方がいるかもしれませんが、「言語(language)」と「方言(dialect)」は言語学的な条件で区別できるものではありません。例えば、日本の津軽方言と薩摩方言は音声レベルではほとんど相互に理解不可能なぐらい異なっていますが、決して「津軽語」「薩摩語」とは呼ばれません。一方、ノルウェー語とスウェーデン語は互いに通訳がなくてもおよその意味はわかるようですが、それぞれが「方言」と呼ばれることは決してありません。このように、「言語」か「方言」かの違いには、独立国家のことばである、民族的な独立性が高いといった政治学的な要因が強く関わっているのです。

(13) ただし、共通語でも「今、トラックがその角を曲がった。」のような文は自然であり、「〈乗り物〉が曲がる」という文が常に不自然になるわけではありません。

(14) これは、庵(2014a)で提案したものを一部修正したものです。

(15) この点について詳しくは、庵(2015a)、山内(2015)を参照してください。

(16) φはそこに音形を持つ要素が存在しないことを表します。

(17) この場合の「連用形」は、「書く」の「書い」、「読む」の「読ん」、「取る」の「取っ」のような「音便形」の方です。

(18) 日本語学や日本語教育で言う「文体」は、文末の述語の形が丁寧形(デス・マス形)で終わる「丁寧体(デス・マス体)」、それが非丁寧形で終わる「普通体」のいずれであるかのことを言います。なお、名詞文の場合は、普通体の中で、文末の述語が「だ」で終わるダ体と「である」で終わるデアル体が区別されます。「普通体」と「普通形」は意味が異なり、「丁寧体」の中でも「普通形」が使われることはあります。日本語の場合、同じ談話やテキストの中では、原則として、基調となる文体は変更されないことになっています(野田 1998、庵 2012a 参照)。

太郎は部屋で勉強しています／勉強していました。（丁寧体・動詞文）
太郎は背が高いです／背が高かったです。（丁寧体・形容詞文）
太郎は勇敢です／勇敢でした。（丁寧体・形容詞文）
太郎は大学生です／大学生でした。（丁寧体・名詞文）
太郎は部屋で勉強している／勉強していた。（普通体・動詞文）
太郎は背が高い／背が高かった。（普通体・形容詞文）
太郎は勇敢だ／勇敢だった。（普通体―ダ体・形容詞文）
太郎は大学生だ／大学生だった。（普通体―ダ体・名詞文）
太郎は勇敢である／勇敢であった。（普通体―デアル体・形容詞文）
太郎は大学生である／大学生であった。（普通体―デアル体・名詞文）
太郎は大学にいると思います。（丁寧体。傍線部の語は普通形）
太郎は大学にいると思う。（普通体。傍線部の語は普通形）

第4章

外国にルーツを持つ子どもたちと〈やさしい日本語〉

第2章では、外国人に対する情報提供という観点から始めて、〈やさしい日本語〉の具体的な形式について述べました。

第2章で扱った問題は基本的に大人の定住外国人に関するものであり、同章の最後で提示した「居場所作りのための〈やさしい日本語〉」は〈やさしい日本語〉が持つ重要な役割です。しかし、「移民」や「多文化共生社会」といったことを考える上ではそれだけでは十分ではありません。

移民の受け入れと外国にルーツを持つ子どもたち

初めに、個人的なことを書かせていただきます。

筆者が〈やさしい日本語〉という考え方を持つきっかけになった出来事があります。それは、2002年に聞いた山田泉氏（第2章注15参照。当時は大阪大学）の講演です。その講演で、山田氏は、外国人の子どもたちが十分な教育を受けられないため、その一部がやくざなどのアウトローの世界に入ってしまう現実があるという話をされました。それまで、そうした話を聞いたことがなかったこともあって、その話は強く印象に残りました。

なぜ印象に残ったのかと考えてみると、その話が「理不尽」なものだったからだと思います。子どもたちは自ら選んで日本に来たわけではありません。強い言い方をすれば、親の勝手で日本で育つことを余儀なくされているわけです。それにもかかわらず、日本で生活する基盤も得られないというのはあまりにも理不尽ではないかという気持ちだったのだろうと思います。それから、本書で述べているような形の〈やさしい日本語〉という理念に到達するまでには10年近い年数を要したのですが、今でも、〈やさしい日本語〉という考え方の根本にはこのときの山田氏の話から受けた印象が強く残っています。

このように、定住外国人の子どもたち（以下、「外国にルーツを持つ子どもたち」と呼びます[1]）に関する問題は、筆者自身にとって非常に重要なのですが、移民の受け入れを最大の論点の1つとする本書においても、この子どもたちの問題は最も重要であると考えられます。

その理由は少なくとも2つあります。

1つは、大人は自ら選んで日本にやってきたのに対し、子どもたちは本人の意志とは別に、日本で生活せざるを得なくなったという側面が強いということです。

もう1つの理由、実はこちらがより重要なのですが、それは、移民受け入れということを議論する際に何よりも重要なのが、その国で育つことになる移民の子どもたちが将来その国でどのように生きていけるか（生きていく道がどの程度開かれているか）であるということです。

これについては、このことが外国にルーツを持つ子どもたちの人権問題であるという点が何よりも重要です。後述するように、日本は「子どもの権利条約」を批准しているのですから、その点からもこのことは明確に保障されなければなりません。

外国にルーツを持つ子どもたちが日本で自己実現できる可能性が開かれていることの重要性を認めるのは当然だとして、それだけでは移民を適切な形で受け入れることが必要だという議論には結びつきにくいと考えられます。なぜなら、そのことがすんなり認められ、政治を動かすのであれば、子どもの権利条約（児童の権利に関する条約）が日本で発効してから20年以上経った現在においても外国にルーツを持つ子どもたちの義務教育化が実現していないといった事態は存在しないはずだからです。

そこで、少し見方を変えて経済効率という観点から外国にルーツを持つ子どもたちの問題を考えてみたいと思います。この点から考えた場合、外国にルーツを持つ子どもたちが日本人の子どもたちと対等に競争できるだけの学力を身につけて、日本社会の構成員に成長した場合、彼／彼女たちは日本に税金や社会保障費を支払う人（タックスペイヤー taxpayer）になりますが、このことはこれからの日本社会にとって、非常に重要な意味を持ちます。

それは、単に日本の労働力が増えるということだけではありません。単純労働力が増えただけでは、日本経済が抱える問題、特に、今後より深刻な問題となることが予想される財政赤字(国の借金)の問題の解消にはつながりません。なぜなら、単純労働は給料が安く、そうした仕事に就いている人たちは税金や社会保障費の負担者にはなれないからです。一方、彼/彼女たちがタックスペイヤーになれば、実質的に日本の人口が増えたのと同様の経済効果が得られるわけです[2]。これは、第1章で見たように人口減少への対策が喫緊の課題となっている日本にとっては非常に貴重な選択肢です。

今述べたのは、移民受け入れが「成功」した場合ですが、逆に、外国にルーツを持つ子どもたちが十分な教育を受けられず、低賃金で働き続けなければならなくなった場合は、彼/彼女たちがタックスペイヤーになれないのは言うまでもなく、生活保護、失業保険などの支払いの対象となる可能性が高くなり、社会的コストを高めることになります。それだけではなく、そうした形で職業選択の幅が少なくなることで、彼/彼女たちの不満が高まり、社会的緊張を高めることにつながる可能性が高くなります。それは、現在、移民受け入れ反対の論者が指摘するような状況が起こりうるということでもあります。

タックスペイヤーとセーフティーネット

右で、外国にルーツを持つ子どもたちが十分な教育を受けられず、低賃金で働き続けなければならなくなった場合、生活保護、失業保険などの支払いの対象となる可能性が高くなり、社会的コストを高めることになると書きました。これは、非常に微妙かつ複雑な問題なので、改めて筆者の意図を説明しておきたいと思います。

最初にお断りしておきたいのは、ここで述べたいのは、生活保護や失業保険などを受けることを非難しているのではないということです。

さまざまな障害、事故や病気、社会構造の変化などによって、本人の意図にかかわらず、自力では生活が困難になる場合があります。そのような場合に、そうした人を守るのが生活保護や失業保険などのセーフティーネットであり、これは、日本国憲法第25条第1項にある以下の理念を実現するためのものです。

日本国憲法第25条
第1項　すべて国民は、健康で文化的な最低限度の生活を営む権利を有する。

さて、これまでの社会構造の変化というのは、例えば、バブル経済崩壊後に起きた「年功序列・終身雇用」制度から「成果主義」制度への転換や、小泉政権における労働市場の規制緩和以降の非正規労働者の割合の急増などでしたが、ここに来て、より大きな問題が生まれつつあります。それは、人工知能（ＡＩ）の発達などのコンピューター化によって、「仕事のない社会」が生まれつつあるということです。Frey & Osborne（2013）によれば、コンピューター化によって、アメリカの雇用の47％が存在の危機にさらされるということです(3)。

そのようなことは起こるはずがないと思われるかもしれませんが、ＡＩ開発の第一人者であるソニーコンピュータサイエンス研究所所長・北野宏明氏の次の発言を見ると、必ずしもそのように楽観的には考えられないように思われます(4)。

（世界最強の囲碁棋士がコンピューターに敗れたというニュースを受けて）

――それにしても、人間がやることがなくなりそうで心配です。

［北野］「ＡＩに負けても碁はやってますけどね。でも、計算機の登場でそろばんで計算する人は一気に減りました。こういうことは歴史的に何度も起きています」

「米国の人工知能学会で聞いたジョークがあります。車が登場したとき、馬たちが『馬車のほかに仕事はあるよね』と話していたけれど、結局なくて、馬は減ったという話です。人間の場合はやることはなくならないと考えたくなるけど、昔は馬もそういう話をしていたというオチです。私は、もしかしたら人間のやることは、AIで解かなければいけない問題を作り出していくことなのかと思い始めています。トラブルメーカーとして想定外の事態を作り出し、知能の進化を加速する役割です」

（「AIは人の脅威か　アルファ碁の圧勝、研究者の評価は」朝日新聞デジタル2016・4・9）

こうした状況は、これからの時代にはあらゆる人が生活の基盤を失う危険と背中合わせで生きていかなければならない、ということを示しているのかもしれません。その意味で、セーフティーネットの問題は、一部の人のためのものではなくなりつつあると考えられるのです。

それでは、憲法で保障されている日本国民の基本的な権利は現在十分に守られているのでしょうか。これについては、健康保険、失業保険、生活保護などさまざまな点でほころびが目立ってきていることが指摘されています（湯浅2008も参照）[5]。

セーフティーネットの代表である生活保護については、厚生労働省の調査でも保護比（生活保護が必要と推定される世帯のうち、実際に生活保護を受けている世帯の割合）は32・1％であるとされています。(6) これは、言い換えれば、生活保護が必要な人の3人に2人が生活保護を受けられずにいるということであり、今盛んに言われている「生活保護の不正受給」よりもはるかに深刻な問題であると言えます。

このように、現在の日本では、本来、セーフティーネットが必要な人がそれを受けられないことが深刻な問題となっています。湯浅(2008)が述べているように、誰もが簡単に社会から滑り落ちてしまう「すべり台社会」である今の日本にあっては、セーフティーネットの整備が急務ですし、必要な人が生活保護などを受けることを社会が当然の権利として認めることが何より重要です。

以上のことを前提とした上で、外国にルーツを持つ子どもたちに関する筆者の主張の意図を述べると、次のようになります。

人は、右記のような問題がなく、安定した収入が得られるなら、タックスペイヤーになれます。これは、その人が日本人であるか外国人であるかに関わらないことです。さらに、肉体的にも精神的にも健康である人が、本人の努力次第で、社会的に安定した仕事に就けることは資本主義社会における前提であるはずです。以上の結果、安定した収入を得られるようになった人は、安定したタックスペイヤーとして、社会に貢献することになります(繰り返して述べますが、これは、その時点でタックスペイヤーになっていない人が社会に貢献していないということを言っているわけではありません)。

筆者が主張したいのは、移民の子どもである外国にルーツを持つ子どもたちにも、日本人と同様に、こうした「安定した収入を得て、安定したタックスペイヤーになれる」道が開かれているべきだということです。そして、そのことが、日本が「移民受け入れ」に舵《かじ》を切る場合に前提になっていなければならないということです。

このように、外国にルーツを持つ子どもたちが将来日本のタックスペイヤーになれるかどうかは、これから10年、20年先の日本社会を考える上で極めて重要な問題ですが、そこで必要になるのは、彼/彼女たちが日本人の子どもたちと対等に競争できるだけの学力を身につけられるかどうかということです。そして、そのためには、彼/彼女たちが(限られた時間の中で)教科を学習するのに必要な日本語能力を身につけられることが求められます。ここで重要になるのが日本語教育ですが、こうした子どもたちの支援のために必要なのは、まずは、その目的に特化した日本語教育であり、そのためには〈やさしい日本語〉の考え方が役立ちます。本章ではこのことについて述べていくことにします。

外国籍の子どもの高校進学率は３割

前述のように、本章では、外国にルーツを持つ子どもたちに対する日本語教育という観点から見た〈やさしい日本語〉について考えていきますが、その前提として、彼／彼女たちが置かれている現状について見ておきたいと思います。

右で、外国にルーツを持つ子どもたちが日本人の子どもたちと対等に競争できることの重要性を論じました。対等な競争という場合、まず考えられるのは高校進学時です。それでは、外国にルーツを持つ子どもたちの高校進学率はどの程度なのでしょうか。

実はこれに関する正式な統計はありません。そのため、正確な数字はわからないのですが、認定ＮＰＯ法人「多文化共生センター東京」の前代表理事の王慧槿氏の推定値によると、外国にルーツを持つ子どもたちの東京都の公立高校への進学率は（高く見積もっても）約20％とのことです[7]。これに、私立高校やインターナショナルスクール在籍者を加えたとしても高校進学率は30％程度と推定されます。一方、日本人の子どもたちの高校進学率は、全日制で94・1％、定時制・通信制（本科）等への進学者を含めると98・1％です。

こうした大きな差が存在する背景には、言語的な問題以外の要因もあります。その中で最も大きいのは、外国籍の子どもたちは義務教育の対象ではないということです。これは、長年外国人の人権問題に取り組んでいる田中宏氏(一橋大学名誉教授)が言われたことばですが、「外国人の子どもは小学校や中学校に退学届を出すことができる」のです(日本人の子どもは義務教育の対象なので、同じことは法律上できません)。

もちろん、田中氏がこのことを言われた文脈は、退学届を出すことができるのがいいことだということではなく、日本人の子どもと外国人の子どもの間にそのような格差があってはならない、ということを主張するものです。

読者の中には、外国人なのだから日本で義務教育を受けられなくても仕方がない、と考えられる方もいらっしゃるかもしれません。しかし、そうではないのです。

「子どもの権利条約(Convention on the Rights of the Child)」という国際連合が定めた国際条約があります。この条約の第2条第1項では、「締約国は、その管轄の下にある児童に対し、児童又はその父母若しくは法定保護者の人種、皮膚の色、性、言語、宗教、政治的意見その他の意見、国民的、種族的若しくは社会的出身、財産、心身障害、出生又は他の地位にかかわらず、いかなる差別もなしにこの条約に定める権利を尊重し、及び確保する。」と定めています。(8) さらに、第28条第1項では、「締約国は、教育についての児童の権利を認めるものとし、この権利を漸進的にかつ機会の平等を基礎として達成するため、特に、」とした上で、次の項目を挙げています(5項目ある内の最初の3項目を引用します)。

(a) 初等教育を義務的なものとし、すべての者に対して無償のものとする。

(b) 種々の形態の中等教育(一般教育及び職業教育を含む。)の発展を奨励し、すべての児童に対し、これらの中等教育が利用可能であり、かつ、これらを利用する機会が与えられるものとし、例えば、無償教育の導入、必要な場合における財政的援助の提供のような適当な措置をとる。

(c) すべての適当な方法により、能力に応じ、すべての者に対して高等教育を利用する機会が与えられるものとする。(後略)

この2つの条項から、締約国は、締約国にいるすべての子どもに対して、国籍を問わず、義務教育を行わなければならない、と考えられます。そして、日本はこの条約を批准しているのです。したがって、国際的な約束からして、外国人の子どもも、日本国内で義務教育を受けられなければならないのです。

さらに、右の第28条第1項(b)から考えると、高校進学率が現状のように低いままであることも、この条約に違反する可能性がある、ということになります。

外国にルーツを持つ子どもたちに対する教育のことを考える際には、まずこの点についての認識を共有しておく必要があります。

日常言語だけでは十分ではない

外国にルーツを持つ子どもたちの言語能力を考える上で重要な概念に、心理学者カミンズ(Jim Cummins)が提案したＢＩＣＳ(Basic Interpersonal Communicative Skills)とＣＡＬＰ(Cognitive Academic Language Proficiency)の区別があります。

この両者の違いの内実については諸説ありますが[9]、ＢＩＣＳ(に相当するもの)を習得しただけでは、学校において知識を身につけることはできず、この目的を達成するためには、ＣＡＬＰ(に相当するもの)も習得しなければならない、という点は共通しています。

ここで、ＢＩＣＳというのは、状況(広義の文脈)に依存した形で言語を使用できることです。例えば、店でアイスクリームを買いたいとき、アイスクリームを指して「あれがほしい」と言えば、「アイスクリーム」という名前を知らなくてもアイスクリームを買うことができます。

これは、言語に文脈依存性(context dependency)という特徴があるためです。特に、話しことばは書きことばよりも文脈依存性が高いと言えます。このことを指示詞を例に考えてみましょう。指示詞というのは、「これ、それ、あれ」のようなことばのことで、日本語ではこれらが「こそあ」で始まることから、コソアとも呼ばれます。

指示詞には、大きく分けて、現場指示(deixis)という用法と、文脈指示(anaphora)という2つの用法があります。

このうち、現場指示というのは、現場にあるものを指して[10]「これ、それ、あれ」のように使う用法です。この用法は強力ですが、現場の情報を共有している人にしか、指示詞が何を指しているのかがわからないということがあります。例えば、(1)は、(1)を発した人が指したものがわかっている場合には「その本」の意味(指示対象)が解釈できますが、指したものが見えないなどの場合には解釈は不可能になります。

(1)　私は先週、その本を読んだ。

一方、文脈指示というのは、発話や文章の中に出て来た人や物を指す用法です。例えば、(2)がその例です。

(2) 先日、面白そうな本を手に入れた。私は先週、その本を読んだ。

(1)と(2)の違いは、(2)では発話の現場の情報を共有していなくても、先行文との関係が理解できれば、「その本」が何を指すかがわかるのに対し、先述のように、(1)では発話の現場の情報を持っていないと、「その本」が何を指すかがわからないという点にあります。このように、指示詞の解釈にとって、文脈が重要な意味を持っています[11]。

BICSとCALPの違いは、(1)と(2)の違いになぞらえて考えることができます。つまり、(1)のように、発話の現場の情報に依存する言語の使い方であるBICSができたとしても、(2)のように、言語で構成される文脈が理解できないと解釈ができない場合が数多くあり、特に、学校で学ぶ教科学習では、「言語的文脈の中で概念を理解する」ことが求められるため、そうした言語の使い方であるCALPを身につけないと教科学習は十分にできないということになります。BICSとCALPはそれぞれ、「日常言語」「学習言語」と訳されることが多く、それは間違いではありませんが、以上のことを踏まえ、原語の意味を含めて考えると、それぞれ、「状況依存型言語使用技能」「認知的学習言語能力」と訳した方が正確かもしれません。ここで、BICSのSはSkill(技能)であるのに対し、CALPのPはProficiency(能力)であることにも注意する必要があります。ＢＩＣＳとＣＡＬＰを「日常言語」「学習言語」と訳すと、語彙や表現レベルの問題と誤解されるおそれがあるため、本書では原語の略語のまま用いています。

以上見てきたように、外国にルーツを持つ子どもたちの場合、日常の話しことばがかなり流暢に話せるようになったとしても、それだけでは、教科学習には不十分であり、教科学習に必要な言語能力を身につけられなければ、本章の最初に挙げたような意味で、日本の中で自己実現をすることは困難になります。そして、これも前述したように、そのことは、彼／彼女たちにとっての損失であるだけでなく、これからの日本社会にとっても大きな損失であるのです。

ＣＡＬＰの中身もまたさまざまですが、はっきりしているのは、ＢＩＣＳが発話の現場の状況に依存する度合いが高いのに対し、ＣＡＬＰはそうした発話の状況に依存する度合いが低く、発話内容や文章の中で解釈されなければならない度合いが高いということです。また、ＣＡＬＰは抽象的な思考力を身につける基盤となるものでもあります。

それ以外にも、例えば、「引く」という動詞は日常言語では「引っ張る」という意味（例：「このひもを引くと、ベルが鳴る」）で使われるのに対し、数学（算数）では「引き算」の意味で使われるのが普通であるといった語彙に関する問題や、ＢＩＣＳではあまり使われない複雑な構造

（例えば、連体修飾）がCALPではよく使われるといった文法に関する問題もあります。

外国にルーツを持つ子どもたちは、BICSに加えてCALPも身につけなければならないわけですが、さらに、以下に述べるように、かなり多くの場合、それを相対的に短い期間で身につけなければならないという問題もあります。このように、外国にルーツを持つ子どもたちが直面する問題には複雑な条件が絡んでいるわけですが、それでも、ここで問題となるのが「日本語」である以上、そして、彼／彼女たちがこのハードルを乗り越えて、日本人の子どもたちと対等に近い立場で競争できるようになることが「多文化共生社会」実現のために不可欠の条件である以上、この問題は〈やさしい日本語〉研究が取り組むべき課題となります。次に、この点について述べることにします。

バイパスとしての〈やさしい日本語〉

日本が安定した形で「移民」を受け入れ、「多文化共生社会」を目指すには、外国にルーツを持つ子どもたちが日本社会で自己実現できるための条件が満たされる必要があります。そのために、まずは、彼／彼女たちの高校進学率を大幅に高める必要があります。ここでは、この目標のために、〈やさしい日本語〉ができることについて考えます。

この目的のために必要なのは、ＣＡＬＰが理解できるようになることです。しかし、外国にルーツを持つ子どもたちには日本人の子どもたちの場合とはかなり異なる条件が課されています。

ＣＡＬＰを習得する必要があるのは日本人の子どもたちも同様です。しかし、日本人の子どもたちの場合は、小学校に入る前に、ＢＩＣＳについてはほとんど支障がなく、それを土台にしてＣＡＬＰを身につければよいということがあります。これに対し、多くの外国にルーツを持つ子どもたちの場合は、まず、ＢＩＣＳとしての日本語を身につけ、それを拡張してＣＡＬＰとしての日本語を習得しなければなりません。なお、外国にルーツを持つ子どもたちの中には、母語で抽象概念を理解することができない時期に日本に来なければならなくなった子どももいます。こうした子どもたちの場合、適切な指導を行わないと、アイデンティティの形成にとっても極めて重要である母語が身につかないまま、日本語も身につかないというdouble divide と呼ばれる状態になるおそれがあります(この点については、次章のろう児に関する議論を参照してください)。こうした子どもたちに対しては、まず、母語で支援を行うことが重要であると考えられます。

こうした状況は、たとえて言えば、日本人の子どもたちと外国にルーツを持つ子どもたちが

100メートル競走をすると考えた場合、両者の間には最初から50メートルほどの差があるということです。しかも、そうした差があるとしても、高校進学時には、その差が、本人の努力次第で挽回できる程度のものまで縮まっていることが必要です。

このような状況から考えると、日本語自体の習得については、かなりの近道（「バイパス」）を用意する必要があります。なぜなら、日本人の子どもたちと同じやり方をとった場合、明らかに最初の差が残ってしまうからです。

こうした観点から見た〈やさしい日本語〉を、「バイパスとしての〈やさしい日本語〉」と呼んでいます。この〈やさしい日本語〉は次のような要件を満たす必要があると考えられます。

（3）a 初級から上級までを見通したシラバスによって設計されている。
b 限られた時間で学べるように、習得すべき項目が厳選されている。
c 教材において、理解レベルと産出レベルの区別が明確で、各技能に特化した言語知識を導入できる設計になっている。
d 教室で学ぶことを補完する形で、eラーニングなどの補助教材が充実している。

このうち、(3a)〜(3c)は一体となっています。つまり、「とにかく短時間で一応上級まで進める」ようにするということです。この文法シラバスを具体化したのが庵(2015b)で提示したもので、前章のステップ1、2に続く形で、ステップ3(初中級)、ステップ4(中級)、ステップ5(中上級)、ステップ6(上級前半)となっています。外国にルーツを持つ子どもたちの場合、時間が限られていて上級までじっくり進むことは難しいため、このシラバスでは、基本的な文法形式のさまざまな用法を使って、複雑な内容を表現できることを目指しています。もちろん、こうした形で「バイパス」を通ったとしても、最終的に一定以上のレベルの日本語運用能力をつけるためには、かなりの時間が必要であることに変わりはありません。ここでの考え方のポイントは、ある程度知識に穴があっても、とりあえず進んで、残った穴はあとから(例えば、高校進学後)自力で塞いでいくということです。

今述べたものは主に産出に関する部分ですが、読解(および聴解)に関して必要な項目(文法と語彙)を選ぶ際には、コーパスを利用することが重要になります。

右で、CALPを身につけるのが外国にルーツを持つ子どもたちの目標(ゴール)だと述べましたが、そのために最優先でしなければならないことは、教科の教科書を読んで理解できるようになることだと考えられます。そうだとすれば、教科書を分析して、そこでよく使われる、特徴的な文法項目や語彙項目を優先的に学べるようにする必要があるということになります[12]。それには分析対象の教科書から構成される教科書コーパスを作って分析する必要があります。コーパスを通して教科書を分析する研究はこれまでも行われたことはありますが（近藤・田中2008参照）、筆者たちはコーパス分析と教科書作成を直結させた形の日本語教材の作成を目指しています。

最後の（3d）は、現時点では構想段階のものですが、これからの日本語教育のあり方という点からその趣旨を述べると次のようになります。

これまで、日本語教育の教材は紙媒体が中心でした。紙媒体の教材には、学習期間を通して使え、学習項目の全体像がわかるといった利点がある一方、一度作成して出版すると内容を変更することが難しいという短所があります。この短所は、ある程度学習者の背景が均質である留学生に対する日本語教育ではそれほど問題になりませんが、これまで見てきたように、外国にルーツを持つ子どもたちの場合は、母語、滞日期間、訪日時の年齢など変数が多く、教室学習より個別学習が占める割合が高くなります。

そうであるとすれば、紙媒体だけというよりも、コンピューターベースのＣＡＩ（Computer Assisted Instruction）学習を取り入れ、子どもたちが自分のペースで学べる方式をとった方が学習効率が上がる可能性があります。この方法は、タブレットなどを使うため、費用などの関係から現時点では実現していません。しかし、今後は紙媒体だけではなく、ドリル問題などはインターネットを利用した配信などへと移行させていくべきであると筆者は考えています。

漢字の問題

外国にルーツを持つ子どもたちの問題を考える際に重要な変数となるのが漢字です。中国系のように母語に漢字を持つ漢字圏の子どもたちの場合はそれほど大きな問題にはなりませんが、そうではない非漢字圏の子どもたちの場合は、漢字が日本語習得における大きな障壁となる可能性があります。

日本語には、漢字、ひらがな、カタカナがあり、さらにアルファベットもかなり頻繁に用いられます。このように多種類の文字を使う言語は世界中に類を見ません。特に、非漢字圏の外国人をはじめとする言語的マイノリティーにとって大きな障壁となっているのが漢字です。

漢字が日本語習得の障壁になるため、漢字の使用を制限／廃止すべきだという考え方は明治の初めから存在します。次の福澤諭吉のことばもそうした文脈の中に位置づけられます。

［漢字廃止の］時節ヲ待ツトテ唯手ヲ空フシテ待ツ可キニモ非ザレバ今ヨリ次第ニ漢字ヲ廃スルノ用意専一ナル可シ其用意トハ文章ヲ書クニ。ムツカシキ漢字ヲバ成ル丈ケ用ヒザルヤウ心掛ルコトナリ。ムツカシキ字ヲサヘ用ヒザレバ漢字ノ數ハ二千カ三千ニテ澤山ナル可シ此書三册ニ漢字ヲ用ヒタル言葉ノ數。僅ニ千ニ足ラザレドモ一ト通リノ用便ニハ差支ナシ。コレニ由テ考レバ漢字ヲ交ヘ用ルトテ左マデ學者ノ骨折ニモアラズ唯古ノ儒者流儀ニ倣テ妄ニ。難キ字ヲ用ヒザルヤウ心掛ルコト緊要ナルノミ。故サラニ難文ヲ好ミ其稽古ノタメニトテ。漢籍ノ素讀ナドヲ以テ子供ヲ窘ルハ。無益ノ戯ト云テ可ナリ

（福澤諭吉『文字之教端書』1873（明治6年）。傍線は庵）

日本語能力試験は外国人の日本語能力を測る国際的な試験ですが、その試験で中級修了レベルと見なされる旧2級（現行試験のN2）で必要とされる漢字は約1000字です。仮に、日本語を使った言語生活で必要な漢字数が1000字だとしても、母語に漢字を持たない人（非漢字圏日本語学習者）にとって、これは大きな障壁です。

例えば、日本語母語話者にとって、アラビア文字は識別が難しいと感じられる文字の1つではないかと思われますが、アラビア文字は28文字に過ぎません。それに比べて、日本語は、ひ

らがなとカタカナを合わせただけで既に約100字ある上に、漢字が最低限1000字必要です。

しかも、漢字は普通1文字で使われることは少なく、最も多いのは二字漢語としての用法ですが、ここにも問題があります。つまり、「上下、国外、入院」のように、二字漢語を構成する1文字ずつの意味を知っていれば、その意味を足し合わせて全体の意味がわかるものは半分程度しかなく、残りの半分は、「経済、社会、精神」のように、それぞれの漢字の意味を知っていても全体の意味は別に覚えなければならないのです(13)。

漢字と言えば、中国語も事情は日本語と同じで、中国語にはひらがな(やカタカナ)のような表音文字がないので日本語より難しいと考えられるかもしれません。しかし、中国語の漢字が原則として、1文字1音であるのに対し、日本語の漢字は1文字に音読みと訓読みがあるのが原則であり(しかも、音読み、訓読みがそれぞれ複数あることも珍しくありません)、この点で、発音を覚える負担は中国語の漢字の倍(以上)になります。さらに、中国語の漢字は1文字が1語(厳密には「1形態素」)に当たるため、意味の透明性(部分の意味で全体の意味が類推できる度合い)が日本語の漢字よりも高いということがあります(中国語の漢字が持つこうした特徴によって、中国語の方が日本語よりも外来語を、漢字を使った意訳の形で取り入れやすくなっているという指摘もあります[14]。

このように、日本語の漢字は中国語の漢字よりも個別性が強く、学習者の負担度は高いと言えます。漢字を廃止すべきだと主張するわけではありませんが、非漢字圏の外国人にとって、漢字が日本語学習上の大きな障壁になっているという事実は理解しておく必要があります[15]。

こうした点を踏まえて考えると、本章で考える「バイパスとしての〈やさしい日本語〉」では、特に非漢字圏の子どもたちに対する漢字教育について、今までの考え方を根本的に見直す必要があります。

例えば、現在の日本語教育における漢字教育は基本的に、日本語母語話者が漢字を学ぶのと同じ方法で行われています。すなわち、1つは、「一、人、水」のような基本的、単純な文字から始め、より複雑な構成の文字に進むという漢字の提出順序に関してであり、もう1つは、「手書き」を重視するということです。

日本語母語話者にとって、この方法は自明であるように感じられるかもしれませんが、そうでもありません。教科書を読むということが目標であるとすれば、教科書での使用頻度が高いものから学んでいく必要がありますが、現行の方法ではこの目標に対応できません。

右で、現在作成中の教科書では、教科書コーパスと教材作成を直結させることを目指していると述べましたが、その教科書コーパスのうち、英語、数学、国語、理科、社会（歴史、地理、公民）の中学1年生から3年生までの教科書各1出版社分をコーパスにしたものの中から、二字漢語の上位100位までを挙げると**表4-1**のようになります。

このような語の頻度が高いとすれば、漢字としては、まずこれらを構成しているものを優先的に扱う必要があると考えられます。そこで、二字漢語上位500位の漢語を構成する漢字（のべ字数[16]1000字）を頻度順に並べてみると、次のようになります。

表4-1　中学校教科書における二字漢語（頻度順）

1	日本	35	仕事	67	内容
2	変化	35	現在	70	言葉
3	物質	37	空気	71	温度
4	地域	38	一方	72	移動
5	生活	39	気体	72	政府
6	利用	39	方法	74	環境
7	場合	41	時間	74	人口
8	関係	42	国民	76	世紀
9	物体	42	英語	76	写真
10	結果	44	生物	76	地層
11	電流	44	情報	79	産業
12	自分	46	政治	80	金属
13	実験	47	中国	80	権利
14	世界	48	場所	82	原子
15	中心	49	記録	83	活用
16	位置	49	酸素	83	特徴
17	地球	51	影響	85	開発
18	直線	52	地震	86	記号
19	質量	53	電気	87	確率
20	説明	53	種類	88	重要
21	問題	55	社会	89	意味
22	観察	56	距離	90	体積
23	植物	56	生産	91	線分
24	太陽	58	割合	91	理由
25	運動	59	対応	93	技術
25	必要	60	発達	93	各地
27	動物	60	発展	93	課題
28	計算	60	証明	96	名前
29	性質	63	企業	96	動詞
30	細胞	63	増加	98	方向
31	面積	63	先生	99	大切
32	文化	63	図形	99	気温
33	部分	67	経済		
34	発生	67	電圧		

(4)
13回 気
11回 国、地、発、分
9回 体、大、物
7回 一、化、子、時、人、数、成、電、動、法
6回 生、中、定、内、面、料、力
5回 意、形、現、語、合、酸、質、場、図、水、石、代、点、度、平、方、明、理
4回 圧、位、加、外、活、業、金、行、号、作、重、食、政、星、線、対、道、表、部、文、民、用、利、立(以上合計67字)

この67字と、以下に挙げる小学校1年生に配当されている漢字(現行の日本語教育における漢字教育で最初期に学ぶ漢字に基本的に対応)[17]80字を比べると、あまり対応していないことがおわかりいただけるかと思います。

(5) 一、右、雨、円、王、音、下、火、花、貝、学、気、九、休、玉、金、空、月、犬、見、口、校、左、三、山、子、四、糸、字、耳、七、車、手、十、出、女、小、上、森、五、

人、水、正、生、青、夕、石、赤、千、川、先、早、草、足、村、大、男、竹、中、虫、
町、天、田、土、二、日、入、年、白、八、百、文、木、本、名、目、立、力、林、六

現行の漢字教育の方法が妥当ではないもう1つの理由は、学習にかけられる時間の問題です。「文部科学省学年別漢字配当表」では小学校の間に学ぶ漢字は1006字となっています。一方、日本語能力試験で中級修了レベルとされる旧試験2級、現試験N2まで学ぶ漢字も約1000字です。すなわち、最低限この約1000字は習得する必要があるということですが、日本人の子どもたちはこの1000字を6年で学ぶのに対し、外国にルーツを持つ子どもたちは場合によっては中学入学後の2年程度で身につけなければなりません。しかも、日本人の子どもたちの場合は、既に知っている単語(例：やま、べんきょう、ぎゅうにく)を漢字でどのように書くかを習得すればいいのに対し、外国にルーツを持つ子どもたちの場合は、単語を覚えるのと、その表記である漢字を同時に覚えなければなりません。

以上のことから、外国にルーツを持つ子どもたちが限られた時間で漢字を習得するためには、日本人の子どもたちとは異なる漢字教育のシラバスが必要であると考えられます。この点についても、現在、心理言語学的な観点を含めて本格的な調査を行う準備を進めています。

漢字は、外国人以外の言語的マイノリティーにとっても障壁になっています。例えば、読み書き障害（識字障害、ディスレクシア）の人にとっては、ルビがもとの漢字と一体化してしまい、ルビがあるとよけいに文字認識が困難になるといったこともあります。(18)

多様性を持つ人材として

本章の最後に、1つのインターネット上の記事を紹介したいと思います。

この記事に登場する宮城ユキミさんは日系ブラジル人の女性で、11歳のころに来日しました。来日当時は「カタカナとひらがなさえ分からなかった」そうです。その後、「算数のテストで、問題の日本語が分からず回答できなかったところ、「どうせ、ブラジル人だし出来ないでしょ」と［同級生に］からかわれた」ことに憤慨し、猛勉強の末、最終的には大学入試センター試験を受験して静岡文化芸術大学に入学します。以下は、記事からの引用です。

現在、宮城さんは就職活動を行っている。ブラジルと関わりがある企業へアプローチ中だ。宮城さんは、自身の強みを「ポルトガル語と日本語の語学力に加え、両国で10年ずつ生活してきた文化の理解」だと話す。「これからも、家族の近くで暮らしていきたいから、やっぱり浜松の会社が良いですね」と話す。
「留学生は、外国語が堪能という目で見てもらえるのに、私たち定住者は〝日本語の能力に不安はないか?〟といった、ネガティブな印象で見られています」という宮城さんは、とにかく「面接官に会ってもらって、人となりを見てもらえるように、細心の注意を払っている」と話す。履歴書に「日系ブラジル人」と書いたことが理由で落とされないように、特技の欄にだけ「ポルトガル語」と書き、面接官に「どうしてポルトガル語が得意なの?」と問われた時にはじめて「実は、わたし日系ブラジル人で……」と話しをするのだという。

宮城さんへ、将来の帰国の可能性について聞くと「仕事で一時的にブラジルに滞在することはあっても、自分の拠点は、これからも日本だと思っている」と断言する。

自分は何人だと思う?　という質問に変えると、彼女は少し考えながらこう話してくれた。「将来は日本人と結婚するかもしれないし、国籍上は日本のパスポートを取得するかもしれません。でも、わたしのルーツはブラジルにあることは変わりないし、ブラジルにルーツを持つ〝ブラジル系日本人〟としてこれからも日本で、浜松で暮らしていきたいです」

〈THE PAGE「私の取材が差別を生むのか　偏見の先に見えたデカセギ外国人2世の生き方」
https://thepage.jp/detail/20150918-0000008-wordleaf〉

この記事の中の、「留学生は、外国語が堪能という目で見てもらえるのに、私たち定住者は〝日本語の能力に不安はないか？〟といった、ネガティブな印象で見られています」という宮城さんのことばが強く印象に残っています。こうした現状を乗り越え、外国にルーツを持つ子どもたちが「2つの文化を知っている国際人」として評価される社会を作ることが、「多文化共生社会」と言うときの重要な条件になると思います。そのためには、彼／彼女たちがまっとうな努力をすれば日本語母語話者の子どもたちと対等に競争できる条件を整える必要があります。これは、〈やさしい日本語〉、「多文化共生社会」にとっての最重要課題です。

本章のまとめ

本章では、定住外国人の子どもたち（外国にルーツを持つ子どもたち）に関する言語的問題について考えました。

まず、「移民」や「多文化共生社会」について考える際に最も考慮しなければならないのは、外国にルーツを持つ子どもたちのことであることを明らかにした一方、そうした存在である彼／彼女たちの高校進学率が日本人の子どもたちに比べて著しく低いことも指摘しました。日本は「子どもの権利条約」の締約国として、こうした現状を改善する義務を負っています。さらに、こうした状況の改善に向けての投資は将来の日本社会に向けての投資でもあります。

外国にルーツを持つ子どもたちが日本で自己実現するには、本人たちの努力が重要であることは言うまでもありません。その一方で、努力をすれば自己実現が可能になるような社会的しくみを作ること(初等教育の義務教育化はその有力な第一歩になるはずです)も重要です。

これに関連して、日本人の子どもたちの中で広がっている「相対的貧困」[19]も、親の所得が子どもの教育水準を決めてしまうといった点で、深刻な問題であることが指摘されています(阿部2008, 2014)。日本人、外国人を問わず、子どもたちがまっとうに努力すれば、社会的に安定した生活ができるといった意味での社会的流動性が保障されることが、これからの日本社会にとって極めて重要な意味を持っています。

そうした社会的なしくみの完成までにも日本語教育にできることはあります。それが「バイパスとしての〈やさしい日本語〉」という考え方、および、その理念にもとづく教材開発です。

本章で取り上げた課題は言語的なアプローチでだけで解決できる問題ではありませんが、日本語教育（や日本語学）が大いに力を発揮できる分野であることも間違いない事実なのです。

注

（1） 彼／彼女たちは多くの文献でＪＳＬ児童生徒と呼ばれています（JSL: Japanese as a second language）。

（2） もちろんこれは、外国にルーツを持つ子どもたちに日本への帰化を強要するといったことではありません。その国のタックスペイヤーになるかどうかとその国の国籍を取得する（帰化する）こととは全く別の次元の問題です。

（3） この点について詳しくは例えば、次を参照してください。
クローズアップ現代「〝仕事がない世界〟がやってくる!?」２０１６・３・15放送分（http://www.nhk.or.jp/gendai/articles/3782/1.html）。

（4） 歴史的に見ても、20世紀初頭に起こったオートメーション（機械化・自動化）の流れは、その30年後にチャップリンが『モダン・タイムス』で痛烈に風刺したような人間疎外の状況を作り出しました。今のＡＩの進化の速度がその当時とは比較にならないことを考えても、「仕事がない社会」が来る（＝多くの人間が行っている仕事が社会的に必要とされなくなる）ということは絵空事とは言えないかもしれないのです。

（5） 「生活図鑑　セーフティーネットの検証　ほころぶ社会保障　弱者にしわ寄せ」東京新聞２００７・３・25（http://www.tokyo-np.co.jp/article/seikatuzukan/2007/CK2007032502003947.html）。

(6) 厚生労働省社会・援護局保護課「生活保護基準未満の低所得世帯数の推計について」(http://www.mhlw.go.jp/stf/houdou/2r98520000005olm-img/2r98520000005oof.pdf)。
(7) http://berd.benesse.jp/special/co-bo/co-bo_theme1-1.php
(8) 条約の訳文は中野・小笠(1996)に引用された「子どもの権利条約(政府訳では、「児童の権利に関する条約」)」の「政府訳」によっています。
(9) この点について詳しくはバトラー(2011：第2章)を参照してください。
(10)「指す」ときに最も普通に使われるのは指さしですが、顔や視線を向けるといった方法もあります。
(11) 指示詞と文脈の関係について詳しくは、庵(2007, 2012b)を参照してください。
(12) これ以外にも、慣用句や、日本事情に関わる背景知識が必要な場合もあります。
(13) 詳しくは、本多(2016)を参照してください。
(14) 詳しくは、井上(2013)を参照してください。
(15) 日本語習得における漢字の問題についてより詳しくは、庵(2016)を参照してください。
(16) コーパスを使った語彙調査では、「のべ語数」と「異なり語数」がよく問題になります。「のべ語数」というのは同一の語があるか否かにかかわらず、出現した全部の語数を表すものであり、「異なり語数」というのは、同一の語は何回出現しても1と数えて集計したものです。例えば、「AAABBC」という語からなるコーパスがあるとすると、このコーパスののべ語数は6語、異なり語数は3語となります。この「のべ字数」は「のべ語数」の「語」の代わりに「漢字1文字」をあてたものです。
(17) 文部科学省学年別漢字配当表 http://www.mext.go.jp/a_menu/shotou/new-cs/youryou/syo/koku/001.

htm 参照。
(18) 詳しくは、河野(2012)を参照してください。
(19) 例えば、「日本人の6人に1人が「貧困層」」であるという記事もあります(「悪化する日本の「貧困率」」nippon.com　2014・8・29。http://www.nippon.com/ja/features/h00072/)。

第5章

障害をもつ人と〈やさしい日本語〉

第2章、第4章では、言語的マイノリティーのうち、日本語を母語としない外国人に関する問題を考えました。本章では、もう1つの言語的マイノリティーである障害者の問題について、聴覚障害者（ろう児）の問題を中心に考えていきます。

「普通」のものには名前がない

みなさんは、点字ということばはご存知だと思います。視覚障害者が情報を得るために作られた「文字」で、みなさんも街頭で見かけたことがあると思います（図5-1）。

さて、点字が「文字」であることは理解されると思いますが、では、点字ではない文字、例えば、本書で使われている文字のことは何と言うでしょうか。「文字」ではありませんし、「日本語」でもありません。

正解は「墨字《すみじ》」です。この語義は辞書には載っていますが、一般的に知られているとは言えません。実際、現在公開されている日本最大規模のコーパスである「現代日本語書き言葉均衡コーパス（通称BCCWJ）」で検索したところ、ここで問題としている意味の「墨字」の用例は1例もありませんでした。[1] 一方、「点字」は234例、「文字」は91 30例あります。[2]

このように、「墨字」という語は存在していても、実際はほとんど使われていません。これは何を意味しているのでしょうか。このことについて、少し言語学的に考えてみましょう。
次の2文はごく自然な日本語の文です。

（1）昨日、男の医者に診てもらった。
（2）昨日、女の医者に診てもらった。

ここで、（2）については次のように言うこともできます。

（2'）昨日、女医(さん)に診てもらった。

「女の医者」が「女医」であるとすれば、「男の医者」は「男医」になるはずで、そうだとすれば、次の文も自然であるはずですが、この文は使われません。

（1'）？昨日、男医(さん)に診てもらった。

図 5-1　点字

言語学では、文法的に正しい表現を「文法的(grammatical)」、正しくない表現を「非文法的(ungrammatical)」と言います。例えば、次の文は日本語学習者がよく作る文ですが、日本語としては非文法的です。

(3) ×日曜日に友だちを会いました。(「を」を「に」に変えると文法的になる)

ところで、(1')はこの意味で非文法的なわけではありません。「本来は言えてもいいはずなのだが、実際には使われない」表現なのです(言語学では、こうした表現を「偶然の空白(accidental gap)」と呼びます)。

それでは、なぜ、「女医」という語は存在するのに「男医」という語は存在しないのでしょうか。そのことを考えるために、「無標」と「有標」という言語学の概念を説明します[3]。

「無標」と「有標」はもともとは音声学の用語ですが、少し平たく説明すると、AとBのいずれかを選択することが必要な場合(こうした場合を「相補分布」と言います)に、より一般性が高い方を「無標(unmarked)」、一般性が低い(=特殊性が高い)方を「有標(marked)」と言います(それぞれを「無徴」「有徴」と呼んでいる文献もあります)。

具体的な例を挙げてみましょう。

サ行(サシスセソ)を普通に発音してみると、シのときだけ、舌が少し奥になり、舌先でこする位置が異なることがわかります。つまり、次のようになっているわけです(ここでの音声記号の表記は厳密なものではありません)。

(4) サ行子音：[i]の前↓[ʃ]、それ以外の母音の前↓[s]

サ行は「サシスセソ」しかなく、サ行子音は[ʃ][s]のいずれかです。つまり、[ʃ][s]は相補分布をなしています。そして、[ʃ]は[i]の前だけに現れるという点で[s]よりも制限が大きいので、[ʃ]は有標、[s]は無標と言えます。

この無標、有標という概念は言語に関するさまざまなところで顔を出します。例えば、ものの名付けがそうです。最近は、回転寿司の普及で少し状況が変わりつつありますが、それでも、寿司屋で「(わ)さび抜き(で握ってくれ)」と注文することはあっても、「(わ)さび入り(で握ってくれ)」と言うことはありません。これはなぜでしょうか。

それは、寿司にはわさびが入っているのが「普通」、つまり、無標なので、「わさび入り」ということを言っても意味がないため、「(わ)さび入り」というのが単語としては存在しないのです。[4] 一方、普通(=無標)の場合はわさびが入っているので、わさびが入っていない寿司を注文することには意味があり、そのため、「(わ)さび抜き」という語は存在するのです。

今の議論は、一般に、相補分布の関係にある2つのもののいずれに名前をつけるかという形で一般化できます。そうすると、「女医」があって「男医」がないという場合の「女医」と「男医」の関係は、「(わ)さび抜き」と「(わ)さび入り」の関係と同様だと言えます。つまり、「女医」があって「男医」がないのは、「医者」という概念の中で、「女」が「有標」であるという社会的な深層心理が言語に反映した結果だと考えられるのです。

実は、こうした議論は英語ではかなり以前から存在します。例えば、英語では女性を表す形が男性形に接尾辞をつけた形で表されるということがよくあります(prince : princess、actor : actress など)。また、性が不特定の内容を受けるときの代名詞として he が使われるといったこともありました。こうしたことは隠された男女差別であるとして、これらの表現が改められていきました。その結果、現在の英語では性が不特定の内容を受けるときには he/she のような表現を用いるのが一般的になり、stewardess という語が廃止されて cabin attendant と言い換えられるようになったりしてきています(5)(こうした性差別に関わる問題をジェンダー問題と言います)。

さて、少し回り道をしましたが、「墨字」の問題に戻りましょう。

以上のことからわかるように、「点字」は存在するが「墨字」は(事実上)存在しない理由が説明できます。それは、日本語社会の中で、「点字」が「特別（＝有標）」なものと認識されているために、それと異なる「普通（＝無標）」の文字である「墨字」には「名前がない」（墨字という語は存在していても、実際にはほとんど認知されていない）ということになるのです。

だれでも参加できるじゃんけん

今述べた「墨字」の問題は、自分を「普通」と見てその視点から他者を見ることの問題ということになります。しかし、「日本人」「健常者」などを「普通」と見なすことは、決して「当たり前」のことではありません。「多文化共生社会」を目指すためには、まず、自分は「普通」だという認識を改める必要があります。これは、決して容易なことではなく、筆者自身、そのような認識に立てているとは全く思えませんが、まずは、意識レベルから改善していくことが重要なのだと考えています。

そうした意味で、非常に示唆的な話があるので紹介します。あべ（2015）にある「だれでも参加できるじゃんけん」というコラムです。

日本のじゃんけんは、グー、チョキ、パーからなっています。しかし、体の特性のためにグーだけしか出せなかったり、パーが出せなかったりする人がいます。そうした人がじゃんけんをするとしたらどうでしょう。1つの考え方は、その人を「じゃんけんができない人」として排除することですが、それが「多文化共生」につながらないことは明らかです。そうすると、その人が参加できるような「じゃんけん」を工夫することになります。例えば、手の甲を上にするか、下にするか、手首を曲げるか、といったように、その参加者が示すことができる3つの型(「記号」)を作り出すことで解決ができるかもしれません。さらに、じゃんけんのルールが理解できない知的障害者も含めて「じゃんけんを楽しむ」ためには、機械のボタンを押してもらうという方法もありうるとあべ氏は述べています。

あべ氏が述べているように、「だれでも参加できる」ということを最優先して考えれば、新しいじゃんけんが作り出されていきます。そこに、一つ加えるとすれば、ある条件(今の例で言えば、「だれもがじゃんけんに参加できること」)を満たす上で、何が重要かを考える際に、「機能(function)」という観点が重要になると筆者は考えています。例えば、上で、グー、チョキ、パーの代わりに、手の甲を上にするなどのやり方を紹介しましたが、これは、グー、チョキ、パーという「記号」を別の「記号」に置き換えたものと考えることができます。グーとチョキとパーの間には、グー>チョキ>パー>グー(A>BはAはBに勝つということを表す)という関係があるわけですが、ここで必要なのは、ある記号が別の記号に勝つ、という「約束(ルール)」だけであって、それを定義しさえすれば、グー、チョキ、パーという形にこだわる必要はないわけです（例えば、色の間に右のような関係を決めておきさえすれば、三色の色紙を使って「じゃんけん」をすることも可能です）。この場合、グー、チョキ、パーが「じゃんけん」の中でどういう働き（機能）を担っているのかを考えることが必要で、それさえ理解できれば、必要なのはその機能を別のどのような形で表すことができるかだということがわかるはずです。例えば、ALS（筋萎縮性側索硬化症）などで、全身が動かない人は、イエス／ノーを示す際、首を縦・横に振ることができないので、瞬きやウインクがイエス、目を横に逸らしてノーを表現する人がいます。他にも、口の開け方や舌の出し入れでやる人もいます。

こうした考え方（言語学で「機能主義（functionalism）」と言います[6]）の重要性については、ろう者[7]の言語問題を考えるときにもう一度考えてみたいと思います。

ろう児と日本語

ここまでは、言語的マイノリティーとしての障害者一般に関する問題を考える上で必要になる材料について見てきました。ここからは、ろうの子どもたち（ろう児）に対する言語教育について、〈やさしい日本語〉という観点から考えてみたいと思います。

2016年3月、朝日新聞が「ろう者の祈り」という連載記事を掲載しました。現代の日本社会において、ろう者がいかに生きにくい状況に置かれているかを綴ったものでした。次の文章はその連載からの引用です。


ろう学校に通った彼は、泣くほど日本語を勉強した。でも、尊敬語や謙譲語の使い分けや助詞の使い方など、理解できないことが残った。

勉強をがんばって障害者の受け入れを進めている大学に進む。就職活動をしたが、思い通りにいかなかった。卒業して故郷に帰る。

ある職場でパートを始めた。その日の仕事は紙に書かれ、口頭で説明される。口の形を、懸命に読みとった。

そこまでは良かった。

わからないことを書いて質問すると、周りの表情がさげすみに変わった。

「おまえ、ほんとうに大学を出たのか?」

書いた文章が、少しおかしかったらしい。それからというもの、一日中むごい言葉を浴びせられた。何を言っているかは口の形でわかる。耐える日々が続く。笑うことを忘れた。

〈ぼくに生きる意味はあるの？〉

ろう者の日本手話では助詞を使わないことがある。だから、「仕事が終わらせる」などと、日本語としては少し変な文を書くこともある。ろう者にとって、日本語は第２言語だからだ。日本の聴者のどれだけが、パーフェクトな英語を話すことができるだろうか。それと同じことなのである。

（「ろう者の祈り　２「日本語」の悲劇、見たくない」朝日新聞デジタル２０１６・３・10）

ここには、少なくとも２つの問題が存在すると考えられます。

１つは、ろう者にとって「日本語」（特に、口頭日本語）は「母語」ではないということが理解されていないということであり、もう１つは、「日本手話」が「言語」であると認識されてこなかったことです。

上農（2003）で詳しく論じられているように、ろう者の子ども（ろう児）は聴者の子どもと同じ環境で教育を受けるのがよいとされてきました（インテグレーション教育）。そこでは、「補聴器」（最近では「人工内耳」）によって、「聞こえる」量を増やすとともに、聴者の口の形を読むなどの訓練によって、「日本語」を習得することがよしとされてきたのです。

このことの是非について、直接論評するだけの知識を筆者自身は持ち合わせていませんので、そうした評価は避けたいと思いますが、言語習得理論によれば、母語習得（第一言語習得）[8]には音声による大量のインプットと周囲の環境とのインターアクションが必要であることが知られています。上農（2003）の記述などから考える限り、そうした条件は、ろう者の場合、仮に人工内耳などである程度の音が聞こえるようになったとしても、自然言語として、母語として、口頭日本語を習得する上では不十分である可能性が高いと考えられます。

聴児の口頭日本語の習得に関しては、1960年代に国立国語研究所が行った精密な調査・研究があります（国立国語研究所 1977 などを参照）。また、研究者自身の子どもの言語発達を詳細に記録した大久保（1967）などの貴重な研究もあります。

これらの文献の記述から、聴児は4〜5歳で統語関係をほぼ習得していると考えられます。助詞についても、2歳過ぎの段階で、次のような事実が記述されています。

> この期［2歳〜2歳5か月］の特色をあげると、二語文も単語だけの羅列でなく、格助詞などのついたととのった文が多くなる。連体修飾語が使えるようになるので、三語文以上の多語文も言えるようになる。

また、「から」「たら」などの接続助詞、あるいは、「とき」「こと」などの形式名詞が使えるようになって、一センテンスの構造が複雑になってくる。従属文発生の時期なのである。

（大久保 1967：221）

また、母語の習得は周囲の母語話者との意味のやりとり（意味交渉）を通して行われていると考えられます。

例えば、大久保（1967）の女児の場合、右で引用した時期の前に、願望や質問を表明することができています。これらは聞き手がいて初めて意味を持つものであり、言い換えれば、聴児は、1歳児の段階で、既に周囲の母語話者（典型的には両親）に働きかけを行い、そのフィードバック（反応）を得ているわけです。

後述するように、筆者は、母語習得に関してはチョムスキー（Noam Chomsky）の考え方に従います。その考え方によれば、子どもは言語を獲得する装置を持って生まれてくることになります。この点は、聴児でもろう児でも変わりません。ただし、その言語獲得装置は、周囲の母語話者の発話を聞くことを通して、いくつかの設定を行う必要があるとされます。

この考え方に従うならば、聴児がごく初期に習得できる格助詞(などの助詞)を、ろう児がなかなか習得できない理由は、周囲の母語話者との意味のやりとりが決定的に不足しているためだと考えるのが自然であると思われます。現在のところ、補聴器や人工内耳を装着しても、聴児が聞いているのと同程度の質の音声がろう児に聞こえるわけではなく、有効性の個人差も大きいと言われています。口頭日本語を母語として習得するのに必要な量の意味のやりとりが、それらの機器の使用では確保できていない可能性が高いと言えそうです。

ろう児にとっての「母語」の習得

それでは、ろう児は「日本語」を習得することはできないのでしょうか。次にこの問題について考えます。この問題に関しては、筆者は、チョムスキーが主張する考え方に従いたいと思います。

非常に概略的に述べると、チョムスキーはヒトの脳には言語を獲得するための装置が埋め込まれていると考えます(この装置は言語獲得装置(Language Acquisition Device. LAD)と呼ばれています)。LADはテレビの受信器にたとえることができます。

テレビの受信器は、テレビを見ようとする地域を決めると、設定が決まって、その地域で放送されている番組が見られるようになります(地上波の場合)。つまり、テレビの受信機自体は、日本中のどの地域のテレビ局のパターンにも対応できるようになっているということです。

これと同じように、ヒトはみなＬＡＤを持っているので、生まれたときは何語でも習得できるようになっています(テレビの受信機に相当)。そして、周囲の母語話者の発話を聞くことで、語順や品詞のタイプなどに関わる設定(パラメーター)が定まり、ある１つの母語を使えるようになる(地域ごとの設定に相当)、というのがチョムスキーのモデルにおける第一言語(母語)習得の考え方です(これは、生成文法の原理とパラメーターの理論に基づく説明です。なお、母語の習得に関するチョムスキーの考え方を理解する上で、ピンカー(1994)が大変参考になります[9])。

この考え方が正しいとした場合、聴児は、実は、実際の音声データから文法のすべてを帰納的に習得しているのではなく、文法の大枠を「生得的に」知っている、ということになります(チョムスキーはこうした「文法の大枠」を「普遍文法(Universal Grammar. ＵＧ)」と呼んでいます)。

一方、以下で見るように、日本手話[10]が自然言語であるとすれば、日本手話を母語として習得する環境にあるろう児もＬＡＤを持っており(この点については、ガラテ(2014)も参照)、この場合パラメーターを設定するのに必要なのは、日本手話の母語話者との手話による意味のやりとりであると考えられます(日本手話の言語学的特徴については、岡・赤堀(2011)、佐々木編(2012)、松岡

(2015)などを参照してください)。

したがって、ろう児も、日本手話の母語話者との手話による豊富な意味のやりとりが可能な環境で成長すれば、口頭日本語の母語話者との豊富な意味のやりとりが可能な環境で成長した一般的な聴児と同じように、日本手話を「母語」として習得できると考えられます。

逆に言えば、こうした形で日本手話を「母語」として習得できなかったろう者が、母語話者並み(native-like)の日本手話の使い手になることは、聴者の場合と同様に、かなり困難なことなのです(このことに由来するろう者間の諸問題については上農(2003)を参照してください)。

さて、前記の朝日新聞の記事で問題となったのは「書いた文章」です。そして、問題とされたのは、たかだか「てにをは(助詞)」の違いです。それだけのことが、ろう者に、〈ぼくに生きる意味はあるの?〉と感じさせるほどのつらい経験をさせている、このことにまず私たちは気づかなければなりません。それが「多文化共生社会」と言うときの第一歩です。

朝日新聞の記事の場合は、「聴者」が「ろう者」を迫害しているわけですが、同じようなことは「健常者」間でも容易に起こります。1例として、高度経済成長期に集団就職で東京に来た東北出身者が方言を嘲笑され、そのためにノイローゼになったり、自殺したり、殺人事件を起こしたりという問題がありました(毎日新聞地方部特報版 1998、庵 2013b 参照)。これは、「標準語」を「普通」とし、それとは異なる「方言」を排斥したものですが、「標準語」を「聴者」、「方言」を「ろう者」に置き換えれば、この記事で扱われているのと同じ構図が浮かび上がってきます。つまり、自分を「普通」と考え、自分と異なるものを「特殊」と見なす考え方を改めない限り、決して「多文化共生社会」は実現しません。それ以前に、成熟した市民社会も実現できないと思います。

しかし、多くの日本人の意識が変わることはすぐには期待できません。それこそ、ろう者には、この連載の中でも述べられているように、多くの日本人の意識が変わるのを待っているといった「そんな悠長なことを言っていられない現実」があります。つまり、多くの日本人の意識が変わるまで、自己実現ができないまま生きていくわけにはいかないのです。

そうだとすれば、ろう児(ろう者)が自力で日本語を習得できる方策を考えていく必要があります。このことについて次に考えます。

自然言語としての日本手話

前節の議論から、ろう児にとって最も重要なことは、自らの「母語」を持つことであると考えられます。ろう児にとっての「母語」は日本手話です。日本手話は自然言語の一種であり、日本語と同じように独自の言語体系をなしています。

例えば、日本手話では、目を見開いて、かつ、あごを引く（あご引き）と、イエス／ノー疑問文になるのに対し、目を見開いてあごを前に出して小刻みに首を振ると、WH疑問文（疑問詞疑問文）になります（岡・赤堀 2011: 68–70）。こうした表現は、日本語の模倣である手指日本語とは全く異なるものであり、日本手話が自然言語であることを示しています。

したがって、第一言語として日本手話を習得することによって、ろう者は、言語（母語）が持つ、世界の認識の道具としての言語という側面を手に入れることができると考えられます。[11] これは、言い換えれば、こうしたろう者は、「ことばを使って（媒介として）世界について学ぶ」ための条件を満たしているということです。

ここまで来れば、ろう児の日本語習得に関する問題点はかなり明確になってきました。つまり、ろう児にとっての到達目標は、「日本手話を使って理解できている内容を日本語でも学べるようになる」こと、および、「自分の考えなどを日本語を通して述べられる」ことだと言えます。

この2点は、実は、留学生に代表される、日本語を第二言語として習得する学習者（第二言語日本語学習者）の目標と基本的に同じであることがわかります。ということは、ろう児の日本語習得に、これまでの日本語教育の蓄積が生かせる可能性が高いということなのです。

以下では、この線に沿って、現在、筆者たちが行っているプロジェクトについて紹介しますが、その前に、それでもなお存在する大きな問題について議論しておく必要があります。

音声がなくても言語は習得できるか？

その問題とは、「音声を介さずに言語を習得することは可能か」ということです。
右で述べたように、日本手話は独自の言語体系であり、それを第一言語として習得することが可能であるということは問題ありません（ガラテ（2014）も参照）。しかし、そのことから即、「日本手話を第一言語としていれば、日本語を習得することができる」ということにはつながりません。厳密に言うと、両者はつながるのですが、現状では多くの場合にそのように考えられていないということです。この点に関する「誤解」が解けない限り、以下の議論は受け入れられない可能性があります。したがって、まずこの点について考えたいと思います。
この問題を考える上では、ヒトの言語がどのようなものであるかを知ることが不可欠ですので、ここで、「ヒトの言語」の特徴についてお話ししたいと思います。[12]
ヒトの言語（「自然言語」と呼ばれます）には、現代言語学の扉を開いたソシュール（Ferdinand de

Saussure）が「言語（記号）の恣意性」と呼ぶ次の重要な特徴があります。

一般に、言語記号には「音」を表す部分と「指示対象」の部分とがあります。例えば、日本語で「イヌ」と呼ばれている動物を表す単語は、[inu]という音（ソシュールの用語で言うシニフィアン（signifiant 指すもの））と、[inu]という音で指示される対象（同じくシニフィエ（signifié 指されるもの））[13]の組み合わせで構成されていますが（図5-2）、この、シニフィアンとシニフィエの間には全く因果関係はない、というのが「言語（記号）の恣意性」ということです。

図5-2 「指すもの」と「指されるもの」の組み合わせは恣意的

この言語の恣意性は言語の多様性を保証するものです。もしこの性質がなく、シニフィアンとシニフィエが因果関係を持っているとすれば、日本語で「イヌ」と呼ばれるものは他の言語でも同じような名前で呼ばれるはずですが、そのようなことはありません。

このように、言語（記号）には、音声（シニフィアン）と指示対象（シニフィエ）が結びついているという特徴があります。

また、言語学では、言語にとっては音声が基本（primitive）であり、文字は副次的なものだというのが一般的な認識となっています。実際、世界の言語の大部分は独自の書記法を持っていませせん（ただし、言語学では、音声がなければ言語は習得できないと考えられているわけではありません）。

「音声を介してでなければ言語は習得できない」という考え方は一般に広く信じられています。そして、こうした考え方は、ろう教育の世界でも強固なものであるようです（上農（2003）の記述を見る限り、ろう教育で口話法が強固であるのは、日本手話ができる教師の数が少ないからというよりも、日本手話を第一言語と見なさない考え方による部分がずっと大きいように思われます）。

しかし、本当に、「音声を介してでなければ言語は習得できない」のでしょうか。この点を考えるために、先に挙げた機能主義の立場に立って考えてみましょう。

最初に確認しておかなければならないのは、ここで問題としているのは、第一言語を持っている人が別の言語を第二言語として習得するという課題だということです。すなわち、「ろう児にとって「日本語」は第一言語（母語）ではない」ということが以下の議論の大前提です。

一般に、言語を習得する場合、文法と語彙を習得しなければなりません。[14] 文法については、後述するように、第一言語の知識を利用して教育を行うことが十分可能です。したがって、より大きな問題は語彙であると考えられます。

「音声を介してでなければ言語（第二言語）は習得できない」ということを、語彙について、も

表 5-1　メディアとレベルから見た 4 技能

レベル／メディア	産出	理解
文字	書く	読む
音声	話す	聞く

う少し具体的に考えてみましょう。例として、聴者の日本人の中学生が英語を習得するというケースを考えてみます。読者の多くもそうであったと思いますが、この場合、[dɔg]や[kæt]などを繰り返し発音して覚えたのではないでしょうか。こうした記憶が、音声なしでは第二言語は習得できないという意識につながっているのだろうと思います。

ただ、今の例とろう児が日本語を習得する場合とは少し異なると考えられます。

第一に、ここで考えようとしている日本手話を第一言語として獲得しているろう児にとっては、日本語で必要なのは、「読む」ことと「書く」ことであって、「聞く」ことと「話す」ことは不要であるか、少なくとも、非常に重要なものではないと考えられます。なぜなら、聞く方は日本手話で情報をとることが可能ですし、字幕があれば、そこから情報を得ることも可能です（実際、筆者が属している複数の言語系の学会でも、ろう者の会員が、手話通訳の力を借りて、学会に参加したり、口頭発表を行ったりしています）。話す方も、自分の意志を述べるという点では日本手話が使えますし、日本語母語話者に自分の考えを伝えるためなら、正確に書くことに力を入れる方が重要だと考えられます。

表5-1は、「読む、聞く、話す、書く」の4技能を、メディア（媒体）と、理解レベルか産出レベルかという点の組み合わせから特徴付けたものです。

言い換えれば、ろう児が習得する必要があるのは書記日本語（書きことばとしての日本語）だけであるということです。そうだとすると、ろう児が語彙を覚える上でやらなければならないことは、文字と指示対象を結びつけることだということになります（図5-3）。

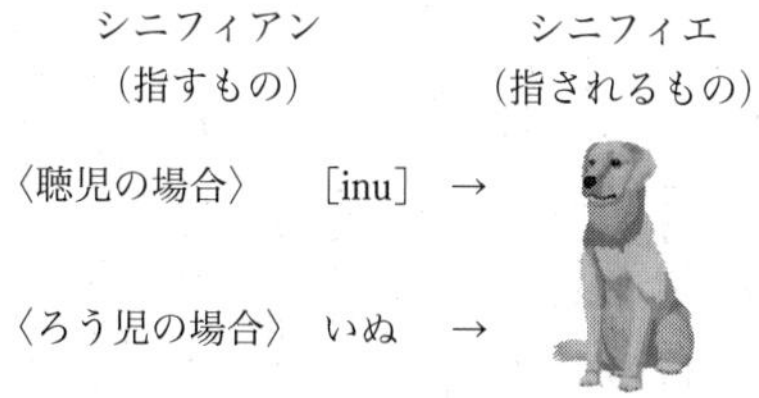

図5-3

この図式が正しいとした場合、「音声的に産出する必要がなければ」、語彙の習得に関して、聴児とろう児の間に質的な差はないと考えられます。

さて、そうは言っても、やはり音声がなければ言語は習得できないのではないかと思われる方もいらっしゃると思います。しかし、それがそうでもないのだという実例が日本の歴史の中に存在するのです。それは、「漢文の書き下し」です。

古代日本は、当時先進国であった中国や朝鮮半島から多くの制度や文化を輸入しました。その際に、利用されたのが漢文です。古代日本のエリートは漢文（当時の書記中国語）を理解することはできたと考えられます。そうして、漢文を読んで理解することで、律令制に代表される国家体制を構築する一方、仏教の教義などについての理解を深めていきました。この際に、漢文(当時の書記中国語)を理解するときに筆者たちの先祖がとった方略は、音声言語として漢文を理解するということではありませんでした。もし音声言語として漢文を理解しようとしたとすれば、現代の日本人が現代中国語を学ぶときと同じように、漢字の音読みで漢文を理解しようとしたはずです(音読みは当時の中国語の発音に近いものを写していたと考えられています)。しかし、実際に行われたのはそうした方法ではなく、返り点を打つなどして、漢文を日本語として読み下すという方法でした。加藤周一氏はこの方法を「同時翻訳法」と呼んでいますが、これはまさに「音声を介さずに言語を習得する」ということの実践例と見なすことができます。

古代日本のエリートの中で遣唐使に選ばれた人(例えば、最澄)でも口頭中国語には苦労したことが記録からわかっています(東野 2007)。しかし、逆に言えば、留学しなかった日本人(エリートだけとったとしても大部分を占めたと思われます)はほぼ100%音声言語に触れることなく、漢文を理解できるようになったわけです。そして、その伝統は近代(広くは現代)まで続いており、幕末から明治にかけては、「新漢語」といった形で日本から中国に新しい概念が漢語に訳されて輸出されるという現象まで生まれました(沈 2008)。

こうした日本国内での漢文の受容のされ方の歴史を見ればわかるように、音声を介さなくても言語を習得することは可能だと考えられます。ただし、その際に重要なのは、第一言語をしっかり持っていることです。前章で取り上げた外国にルーツを持つ子どもたちの場合と同様、母語が確立しないままに書記日本語の習得を目指すことは危険だと言わざるを得ません(15)。

第二言語としての書記日本語の習得

以上見てきたように、日本手話を母語として獲得しているろう児が書記日本語を習得することは、言語学および日本語教育（第二言語習得）の観点から考えて、問題なく可能であると考えられます。ここでは、その実践例として、格助詞の教育について考えてみたいと思います。

日本手話には助詞がないとされています。そのため、ろう児には助詞が難しいと考えられています。実際、ろう児には聴児には見られないタイプの助詞の誤用が見られるようです。

しかし、例えば格助詞の「が、を」について考えてみると、これらが習得できないということは、日本語教育という観点からは考えにくいのです。なぜかと言うと、留学生に対する日本語教育においてこれらが習得できないというケースはほとんど見られないからです。

では、どのようにすれば、うまく習得できるのかということですが、そのことを考えるために、「が」と「を」の機能について考えてみましょう（話を簡単にするために、ここでは他動詞だけを考えます）。

「が」と「を」はそれぞれ、主語と目的語を表す（マークする）助詞です。ここで、次の日本語と英語の文を考えてみましょう。

（5）男の子がケーキを食べている。
（6）A boy is eating a piece of cake.

この場合、「男の子／boy」は動作をする人であり、「ケーキ／cake」は動作を受けるものです。一方、これらを入れ替えると、SFでない限り実際にはあり得ないものの文法的には全く問題のない文になります。

（7）ケーキが男の子を食べている。
（8）A piece of cake is eating a boy.

このことからわかるのは、「動作をする人」になるか「動作を受けるもの」になるかを決めるのは、日本語の場合は「が、を」という助詞であり、英語の場合は動詞を挟んだ語順であって、「男の子／boy」「ケーキ／cake」という名詞ではないということです。

これを言い換えると、「食べる／eat」という動詞は意味的に、「食べる人」と「食べられるもの」を必要とするということで、この点は日本語も英語も同じです。そして、「食べる人」は日本語では「が」でマークされ、英語では動詞の前に名詞が置かれることで表されます。一方、「食べられるもの」であることは日本語では「を」でマークされ、英語では動詞の後ろに名詞が置かれることで表されます。

(9)〈動作をする人〉が　〈動作を受けるもの〉を　動詞　（日本語）

(10)〈動作をする人〉　動詞　〈動作を受けるもの〉　（英語）

(9)が日本語、(10)が英語ですが、おわかりのように、「動作をする人」「動作を受けるもの」という部分は両言語に共通しています。こうした述語（典型的には動詞）と名詞の意味的な関係のことを「格(case)」と言います。格については、「意味としての格」である「深層格」

と、「形としての格」である「表層格」を区別します。深層格は言語の違いによりません。ですから、言語によらず、「動作をする人」は「動作主」、「動作を受けるもの」は「対象」と呼びます。一方、表層格は言語によって表し方が異なり、助詞や語順その他の方法で表されます。

このように、深層格は言語の違いによらないものであるのに対し、表層格は言語の違いの影響を受けます。このことから、例えば、英語を母語とする日本語学習者に「が」と「を」を説明するとすれば、他動詞のうち、英語で考えたときに、その文の「動作主」であるものには「が」をつけ、「対象」であるものには「を」をつければよいと教えればよいことがわかります(16)。

同じことは、ろう児を対象とする書記日本語教育にも当てはまります。すなわち、手話で考えたときに「動作主」であるものには「が」をつけ、「対象」であるものには「を」をつければよいということになります。そうだとすれば、ろう児が「動作主」と「対象」を正しく認識していることが確かめられれば、右記の英語話者のケースと同じ問題として扱うことができ、誤用を大幅に減少させられると考えられます。

筆者たちは以上の問題意識にもとづいて、日本手話を第一言語として教育を行っている明晴学園の児童生徒のみなさんの協力を得て、この点の調査を行いました(岡・庵 2015)。具体的には、**図5-4**のような文の内容を日本手話で録画したものを子どもたちに見せ、それに対応す

男の子がアイスクリームをなめている　　アイスクリームが男の子をなめている

図 5-4

るイラストを選んでもらうというタスクをやってもらいました。

その結果、「男の子がアイスクリームをなめている」のような一般的な知識（常識）に適合する日本手話の表現の場合は、小学1年生でも動作主と対象を区別できたのに対し、「アイスクリームが男の子をなめている」のような常識に反する日本手話の表現の場合は、小学校高学年以上にならないと動作主と対象を区別することは難しいということがわかりました[17]。

こうした差はあるものの、逆に言えば、通常の文脈で問題となるような、「動作主―人、対象―もの」という形の他動詞（実数としても、最も種類が多く、他動詞の典型と考えられます）の場合には「が、を」の習得は容易であると考えられるのです。その上で、「愛する、たたく」のような動作主も対象も人である他動詞、「走る、泳ぐ」

のような動作主だけが存在する自動詞へと導入の対象を拡張していけばよいと考えられます。おそらく最も難しいのは、「割れる―割る、閉まる―閉める」のような「自他の対応」があるケースですが、こうした場合はどのような第二言語学習者にとっても難しいものなので、ある程度時間をかけてやっていけばよいと考えられます。その他の格助詞、および、「は、も、さえ、しか」のような取り立て助詞についても導入の方法は考えられますが、それらはやや個別の問題になっていきますので、本書ではこれ以上議論しないことにします。

ろう児の日本語教育と〈やさしい日本語〉

以上見てきたように、ろう児に対する日本語教育は、基本的には、これまでの留学生対象の日本語教育で蓄積されている知見を生かして行っていくことが可能であると考えられます。しかし、それだけでは十分ではなく、今後考えなければならないこともあります。

第一に、日本手話に関するさらに多くのデータが必要です。

右記のように、学習者の母語の文法構造がわかっていれば、それと日本語の関係を踏まえて教育を行うことができます。こうした2つの言語の類似点や相違点を研究する分野を対照研究と言いますが、対照研究を行うためには、日本語と比較する相手の言語のことが詳しくわかっていなければなりません。日本手話が自然言語であるということは間違いないとしても、対照研究を行うという観点からはまだまだ情報が不足しているように思われます。したがって、今後は、日本手話のネイティブと言語学（特に記述的な言語学）の専門家が協働して、日本手話に関する文法的、語彙的情報を記述していく必要があります。

ちなみに、実は、１９６０年代に留学生や技術研修生を対象とする日本語教育が大学や日本語学校で始まったころも似たような状況にありました。すなわち、日本語の教科書を作りたくても、現代日本語に関するまとまった記述はほとんどないという状況だったのです。そうした中で、寺村秀夫氏ら筆者たちの先輩は、日本語の言語事実の記述を行うと同時に、日本語教材を作成していきました（庵 2011 参照）。今、ろう児に対する日本語教育でも、このときと同様に、日本手話に関する言語事実を記述することと、ろう児向けの日本語教材を開発することを並行して進めていく必要があります。そして、これこそ、日本語教育（と日本語学）の出番なのです。

第二に、一定のシラバスにそくした体系的な日本語教材を作ることが必要です。

前章で扱った外国にルーツを持つ子どもたちの場合と同じく、ろう児も日本社会の中で自立して生きていくためには、書記日本語に関する正確な読解力と文章力を身につけなければなりません。特に、右で引用したように、「ろう者は日本人なのだから、日本語が母語だ」という誤解に基づく偏見が強い現状では、ある意味で、書記日本語に関しては、日本語を母語とする聴者以上に正確さを求められるとも言えます。

ろう児が日本語母語話者と同等かそれ以上に正確な書記日本語に関する運用能力を獲得することは、現状では不可能なように見えるかもしれませんが、本章で見てきたように、日本手話を第一言語として獲得していれば、日本語教育の枠組みにしたがって、そうしたレベルの日本語力をつけることは十分可能です。ただし、こうした日本語力をつけられるようにするためには、現行の日本語教育のシラバスでは無理があり、前章で見た外国にルーツを持つ子どもたちの場合と同じく、目的に適した新しいシラバスに沿った日本語教育を行っていく必要がありまず。日本語教育におけるシラバスの問題については、庵(2015a, 2015b)などを参照してください。

筆者たちは、以上のような問題意識にもとづき、明晴学園において日本語教材の開発を開始しています。

同情を超え、競争できる社会を

最後に、本章でも引用した朝日新聞の連載記事から別の部分を紹介したいと思います。

「ろう者の祈り」と題された4回の連載記事の3回目の記事の見出しは「同情を超え、競争できる社会を」でした。この記事から引用します。

鹿児島大大学院の博士課程で研究するろう者、岩山誠(40)は「言葉だけでは、気の毒だから雇うという同情を超えられません。ろう者が経済にいくらプラスをもたらすか、データで示さなくては」という。

昨春までの1年、障害者のリーダー育成に熱心なダスキンの助力で英国留学をした。ろう者の働き手に一日中、手話通訳がついていた。費用は限度内ならすべて国の助成金。そして、こう評価されていた。

「1ポンドの財政支出に対し、財政への見返りは1・88ポンド」

手話通訳のフル活用でろう者が活躍すれば、収入が増え、所得税などの納税も増える。結果、元が取れるどころか、お釣りが来るというのだ。(中略)

日本にも手話通訳の助成制度はあるが、費用の一部は負担、と知ると会社は導入に尻込みする。助成金を超える納税額があることを証明すれば、全額助成につながるのでは？ろう者を支援するNPO「デフNet.かごしま」で働きながら、岩山は研究を続けている。

いまの制度のもとで企業の通訳利用を増やすには、費用を減らすことだ。「シュアール」

（東京）は、ネット中継による手話通訳サービスをしている。この会社に待機する手話通訳士が中継される会議の様子を見て聞いて、議場のろう者にすべてを伝え、ろう者の考えを音声で聴者に伝える。

社長の大木洵人（じゅんと）（28）は聴者。手話の美しさに感動し、慶応大では手話サークルをつくった。ある企業でこんな話を聞いた。「聞こえない人は仕事をがんばるだけで十分。ほかの社員に勇気を与えているから」

大木は思った。〈ろう者は愛玩の対象じゃない、失礼だ！　ろう者と聴者が、会社で対等に競争できる社会をつくる〉

（朝日新聞デジタル２０１６・３・11）

ここで言われている「同情を超え、競争できる社会を」というのは、前章で見た外国にルーツを持つ子どもたちの場合と極めて類似した問題提起だと筆者は考えています。身体障害者と言っても、ろう者の場合は、書記日本語の問題をクリアすれば、健常者[18]と対等に社会的に活躍することが可能です。そうした活躍には「タックスペイヤー」になることも含まれています。引用した記事の中にあるイギリスの施策はそのことを前提にしていると考えられます。

この場合、必要なのは、「同情」ではなく、「対等に競争できる」社会的基盤を保障することです。このことは、前章で見た外国にルーツを持つ子どもたちの場合も全く同じです。

ただし、前章と同じく、極めて慎重に考えなければならない問題があります。それは、「タックスペイヤーになれないことは社会的な価値がないこと」では決してないということです。前章で見たように、人はいつ社会的基盤を失うかわかりません。それと同様に、病気や事故などで、いつ「障害者」になるかもわかりません。障害者にならない場合でも、「老い」にともなって、身体の自由を失うことは避けがたいことです。

言い換えると、「障害」があるか否かには絶対的な違いはなく、誰もが「障害者」になる可能性があるのです（障害学の研究者である石川准氏は「停電か何かでエレベーターが止まった高層ビルの上層階に取り残された人は誰でも一瞬にして移動障害者になる」と述べています（石川 2008））。そうである以上、障害者に対する社会保障は私たち自身のためにも必要不可欠なものであり、障害者が社会保障を受けるのは当然の権利として保障されなければなりません。

そのことは大前提として、それと同じく別の大前提として、障害者も努力すれば、障害がない人と同じように、社会的に安定した生活が送れる社会を作ることが必要です。ただし、そうした努力を可能にするものとして、さまざまな援助が必要になります。例えば、ろう者の場合であれば手話通訳者がつくこと、仕事に行きたくても自分の足で電車に乗れない人の場合は代わりに車いすを押す人がいたり電動車いすが常にそばにあったりすること、勉強したくても鉛筆が持てない人の場合は電子機器や要約ボランティアが常に使えることなどが必要になります。こうした保障を含めて条件が整った上で、障害者がその人にできることを行って、その結果として、社会的に安定した生活が送れる社会を作っていく必要があります。

「多文化共生社会」を目指す上で、「対等な競争」と「弱者に対する社会的保障」を両立させることは非常に重要であると筆者は考えています。

本章のまとめ

本章では、言語的マイノリティーとして障害者を取り上げて考えました。

「多文化共生」という観点から重要なことは、自分を尺度の基準にすることを可能な限り避けて考えることです。

「普通」ということは言語学的には「無標」ということですが、言語には「有標」な(「特別」な)ものをことさら取り立てる傾向があります。言語は認識を規定するものであるため、私たちはともすれば、そうした「色眼鏡」をかけていることに無自覚になってしまいがちで、そのことが社会的に「有標」な存在とされるマイノリティーを追い詰めていることがあります。まず、このことに自覚的でありたいと思います。

そのことを前提とした上で、日本語教育や言語学（日本語学）に携わっている人たちに、例えば、ろう児に対する日本語教育の分野への参入を広く呼びかけたいと思います。ろう児に対する日本語教育は、前述のように、基本的には、留学生対象の日本語教育と同様の考え方で進められると思われます。そうである以上、日本語教育関係者にできることは数多くあるのです。

言語に関する障害には、本章で取り上げたもの以外にも、文字の認識に困難を感じる「読み書き障害（識字障害、ディスレクシア）」や、知的障害などもあり、それらの問題も重要ですが、筆者自身の力不足もあり、本書ではこれ以上論じないことにしたいと思います。

注

（1）「墨字」の用例は4例ありますが、それらは全て、この語のもう1つの語義である「墨で書かれた文字」の意味です。

（2）「文字」は複合語の場合もあるので、ここでは「文字＋助詞」の形で検索したものの数を示していますが、実数より少し多めになっている可能性があります。
（3） 無標と有標について詳しくは、庵(2003b, 2012a)を参照してください。
（4） ここで、全ての寿司は「わさびが入っている」か「わさびが入っていない」かのいずれかですから、相補分布の条件は満たされています。なお、「わさびを入れて(握ってくれ)」のように言うことは可能です(この表現は文法的です)。それは、このように、句の形で組み立て的に(compositionally)表現する場合には、一語で表現するときのような制限がなくなるためです。これはちょうど、「男医」とは言わないが「男の医者」とは言える、というのと同様の現象です。
（5） 「ジェンダー(gender)」というのは、現代英語以外の多くのヨーロッパの言語などに見られる「文法上の性」のことです。例えば、フランス語では、鉛筆(crayon)は男性名詞ですが、消しゴム(gomme)は女性名詞です。こうした「性」は自然界に存在する「自然性(sex)」とは異なり、人間によって「作られた性」であることから、こうした性差別につながる可能性のある表現が「ジェンダー表現」と呼ばれるようになったのです。
（6） 現代言語学における機能主義の代表的な研究者にハリデー(M. A. K. Halliday)がいます。
（7） 本書では、佐々木(2012)にしたがい、「ろう者」を「日本手話を自身の第一言語とする、聴覚に障害を持つ人々」のことと定義します。
（8） 第二言語習得研究では「母語(mother tongue)」のことを第一言語(L1)と言うことが多いです。第一言語は first language(第一言語)の略です。第二言語のことはL2と言います。
（9） ちなみにピンカーは、ヒトがことばを話せる「本能」を持っているのは、鳥が空を飛べたり、魚が水の中を泳げたりするのと同じく、生存のために不可欠のものだからであり、ことばが話せることがヒトを生物の中で特権的な存在にするわけではない、と述べています。

(10) 日本で使われている手話には、ろう者が第一言語として習得している「日本手話」と、中途失聴者(レイトサイナー)などが使う「手指日本語(日本語対応手話)」、および、両者が混交した「中間手話」があります(松岡 2015)。

(11) 逆に言えば、日本手話を第一言語として獲得できなかったろう者は、アイデンティティの獲得を含む多くの点で、多大な精神的負担を負っている可能性があります(上農 2003: 110–155 参照)。

(12) 以下の内容について、より詳しくは庵(2012a)を参照してください。

(13) signifiant と signifié はそれぞれ「能記」と「所記」と訳されることもありますが、これでは両者の違いがわかりにくいので、本書では「シニフィアン」と「シニフィエ」または「指すもの」と「指されるもの」という用語を用います(庵 2012a 参照)。

(14) 実際には、これ以外にも、漢字や、語用論的能力(pragmatic competence)、社会文化的能力(socio-cultural competence)と呼ばれるような能力も身につける必要がありますが、議論が複雑になるため、本書ではこれらの問題には立ち入らないことにします。

(15) 具体的には、母語が確立しない double divide と呼ばれる状態になることが強く危惧されます。

(16) 実は、日本語母語話者が英語を使うときには、この逆の方略、すなわち、日本語の他動詞において動作主であるものを動詞の前に置き、対象であるものを動詞の直後に置くという方略を使っているのです。

(17) 聴児との比較を行っていないので断定的なことは言えませんが、実際は聴児に調査を行っても同様の結果になるように思われます。つまり、この差は子どもの抽象的な思考過程の発達段階による違いであり、「聞こえる」か否かによるものではないのではないかということです。

(18)「健常者」は、有標な存在である「障害者」に対する語として、一定の頻度で使われています(現代日本語書き言葉均衡コーパス(BCCWJ)での用例数は205例で、「点字」とほぼ同じ頻度です)。しかし、「障害」の反対語は必ずしも「健常」ではなく、強いて言えば、「無障害」ということであるはずです。例えば、身体障害者でも精神障害者でもない人が「(後天性の)糖尿病」である場合、その人は「健常」とは言えないでしょう。つまり、「健常者」という語も中立的な語ではなく、ここでも、「障害がない人」を表す無標の語は存在しないのです。

第6章

日本語母語話者と〈やさしい日本語〉

前章までは、言語的マイノリティーにとって〈やさしい日本語〉が持つ意味について考えてきました。〈やさしい日本語〉というのは何らかの意味で「調整された日本語」なので、ここまで読んできてくださった方も、「〈やさしい日本語〉というのは、マイノリティーのためのものであって、自分の生活とは関係ないものだ」と考えていらっしゃるかもしれません。しかし、実は、〈やさしい日本語〉という考え方、および、〈やさしい日本語〉を実際に使うことは、私たちの言語生活にとって非常に重要な意義を持っているのです。本章ではこのことについて述べたいと思います（庵 2015c 参照）。

接触場面と〈やさしい日本語〉

本章では、日本語母語話者にとっての〈やさしい日本語〉について考えるのですが、その前に、これまでの文脈における日本語母語話者と〈やさしい日本語〉の関係を見ておきたいと思います。具体的には、第2章で取り上げた「地域社会の共通言語としての〈やさしい日本語〉」についてです。第2章で掲げた図を再掲します（図6-1）。

第2章でも強調したように、地域の日本人住民と、定住外国人の間に共通言語ができ、その

日本語母語話者〈受け入れ側の日本人〉
↓　コード（文法、語彙）の制限、
　　日本語から日本語への翻訳
〈やさしい日本語〉（地域社会の共通言語）
↑　ミニマムの文法（ステップ1、2）と語彙の習得
日本語ゼロビギナー〈定住外国人〉

図6-1　地域社会の共通言語と〈やさしい日本語〉

結果、定住外国人が地域社会の中に「居場所」を見つけられるようになることは、「多文化共生社会」実現にとって非常に重要なことです。そして、そのためには、この図にあるように、日本語母語話者が自らの言語を調整して、「日本語から日本語への翻訳」を行うことが絶対的に必要です。このあと見るように、「翻訳」の巧拙は人によって違います。そうした翻訳のわかりやすさを高めていくことも重要ですが、何より重要なのは、自分が無意識に使っている日本語を、相手に合わせて、調整しなければならないのだという自覚（意識）を持つことです。

では、日本語母語話者は具体的にどのような調整を行うのでしょうか。

母語話者と非母語話者がコミュニケーションを行う場面を接触場面と言います。接触場面において、母語話者が、母語話者に対しては使わないような言い方を使って、非母語話者と話そうとすることがあります。こうした外国人向けの話し方のことをフォリ

ナートーク（foreigner talk）と言います（フォリナートークのうち、語学教師に代表される教師が外国人の学生に対して使う話し方をティーチャートーク（teacher talk）と言います）。外国人と話すときには急に英語が増えたり、子どもに話すような話し方になったりといったことを経験された方も多いと思います。それらもフォリナートークの一種です。

以上のことを押さえた上で、日本語母語話者が接触場面でどのような調整を行うかについて見ていくのですが、このとき、日本語母語話者の中でも日本語教師は職業柄フォリナートークの使い方に慣れているため、この問題を考える上での適切な例とは言えません。そこで、日本語教師ではない日本語母語話者の事例を使うことにします。調整行動は話しことばでも書きことばでも観察できますので、それぞれに分けて見ていくことにします。

話しことばの場合

まず、話しことばの場合ですが、これに関しては、柳田直美氏が詳しく研究しています（柳田 2013, 2015）。柳田氏は、調査協力者にビデオ（『Mr. Bean』の映像作品）を見てもらい、その内容をビデオを見ていない人に伝えるという実験を行っています。

分析の方法は、ビデオの前半に関して、日本語母語話者（以下、母語話者）が日本語非母語話者(以下、非母語話者)に情報を提供している会話の部分を「情報やり場面」、ビデオの後半に関して、母語話者が非母語話者から情報を受け取っている場面を「情報とり場面」として、それぞれの特徴を分析するというものです。

まず、情報やり場面については、接触場面の経験の多い母語話者の発話にはそれが少ない母語話者の発話に比べて次のような特徴が見られたと言います。

(1) a 文を短く、終わりを明確にする。
　b 理解しているかどうか確認する。
　c 積極的にことばを言い換える。

具体的な例は次のようなもので、(2)が接触場面の経験が多い人の発話例で、(3)が経験の少ない人の発話例です(柳田 2013)。それぞれ、上段が母語話者、下段が非母語話者の発話です。

(2) 北島：それで、で何か試験を受ける。それで問題用紙と解答用紙が渡されてる。
　ロラ：あ、

北島：で、おそらく緑のが問題用紙で、　ロラ：ん。
北島：白が解答用紙。　ロラ：はい。
北島：わか、そこまではよろしいですね？　ロラ：あ、はいはい。
北島：で、ミスターま、み、み、みなさんおんなじようなところに、おんなじ、みんなの席に、同じようなものが配られてて、　ロラ：はい。
北島：みんな、試験を開始すると。で隣の人たちがこうま、緑の紙をみるわけですね。　ロラ：あ、はい。
北島：で、ミスタービーンももう、ま、まわりが試験を始めたんで、見てみると、そうすると何も書いてない。

（3）

南田：っと前半はー、こうし、試験の場面、テストの場面でー、　金：はい。
南田：それでー、ミスタービーンはー、　金：うん。
南田：なにをやったらいいかまったくわかんなくてー、　金：はい。
南田：んで、隣の人ーの、見て、まねようとしてて、　金：ああ。
南田：で、隣、の人を見てるんだけど、　金：はい。
南田：えーと、もう隣の人がスラスラスラスラやっててー、　金：はい。

南田：それをこう、のぞこう、としてる。

（柳田 2013）

つまり、接触場面の経験が多い人は、文を短く区切って発話し、聞き手（外国人）が自分の話を理解しているかをこまめに確かめながら、相手がわかっていないと思ったら、自分から自分の発話を修正していくということです。

次に、情報とり場面については、接触場面の経験の多い母語話者の発話にはそれが少ない母語話者の発話に比べて次のような特徴が見られたと言います。

（4）
a　あいづちをたくさん打つ。
b　相手の話を理解したことをはっきり示す。
c　繰り返し、確認する。
d　相手が困っていたら、積極的に助ける。

具体的には（5）が接触場面の経験が多い人の発話例です[1]（NHは母語話者、Dは非母語話者）。

（5）NH　そ、結局なんも、できなかった、ビーンは
D　うん、はい、で最後、結局、泣いてしまって
NH　あ泣いちゃった{笑いながら}
D　はい、が、つくえにつっぷしながらー、泣いて、マーマーと泣いて
NH　ああー
D　うん、はい、終わりました
↓NH　じゃあ、作戦的には3つ?、/4つ/…
D　　　　　　　　　　　　　//うん//あはい4つ
↓NH　隣寄って、
D　はい
↓NH　あと、そらしてる間とっちゃうのと、フーって紙吹いたのと、あとー鉛筆を落と
　　して/って/
nnsD　　　//あはい//、そうです

（柳田 2015）

この発話例の↓の部分で、接触場面の経験が多い母語話者は、非母語話者の発話の内容をまとめたりしながら確認しています。つまり、接触場面の経験が多い人は、非母語話者に対して相手の発話がわかっているときはそのことをはっきりと表し、わかりにくいときは明示的に確認作業を行うといった形で、非母語話者の負担を軽くしようとしているということです。

このように、接触場面での経験が増えるにつれ、日本語教育を職業としていない母語話者でも、非母語話者との情報のやりとりにおける有効な方略(strategy)を経験的に習得していることがわかります。

書きことばの場合

次に、書きことばの場合ですが、これについては、宇佐美洋氏の研究が参考になります(宇佐美 2013, 2014)。

宇佐美氏は、2つの実験を通して、外国人との接触経験がほとんどない母語話者が書きことばによる外国人への情報提供の中で示した「配慮」の多様な側面について報告しています。

第一の実験では、わかりにくい公的文書を書き換えるという課題と、社内の外国人に対して退職する社員の送別会のメールを送るという課題を母語話者に課しています（どちらの場合も、第2章で示したような形で特定の言語形式だけを使うといった指示は行わず、どのような表現を選ぶかは完全に調査協力者の自主的判断にゆだねられています）。その結果によると、母語話者の中では、次のようなジレンマが観察されたと言います。

つまり、わかりやすさを重視して、思い切って内容を単純化すべきか、それとも、公的文書としての品位を守るために一定の形式は残すべきかというジレンマと、伝達内容がいくらか少なくなっても必要な情報だけを書いてわかりやすくするべきか、逆に、欠けている情報を補って正確に伝えるべきかというジレンマです（図6-2）。

第二の実験では、非母語話者を自治会に勧誘する文書をA4用紙1枚以内で作成するという課題を母語話者に課し、その結果を複数の日本語教育の専門家が評価し、その評点と、実際に産出された文書の内容、および、その作成過程の意識の関係を考察しています。

それによると、内容の評点が高かった書き手は、文書の目的を十分に意識し、それを達成できるような工夫をその場で考案し実施していたのに対し、評点が低かった書き手には、個々の文言の言い換えにこだわる、規則を墨守する、文書の目的と関連の薄い自らの信念にこだわるといった特徴が見られたということです。

これに関して、評点が高かった書き手が文書作成中の考えを記したコメントと評点が低かった書き手のコメントをそれぞれ挙げると次のようになります。

（6）a　自治体参加を促す文章では、「ご案内」や「お知らせ」といった表題で書かれている文章をよく目にしますが、それでは「自分には関係ない」とか「誰かがやってくれている」という印象を日本人でも持ってしまいます。そこで私は、「あなたのチカラを貸してください」という「お願いする」形式で書いてみました。

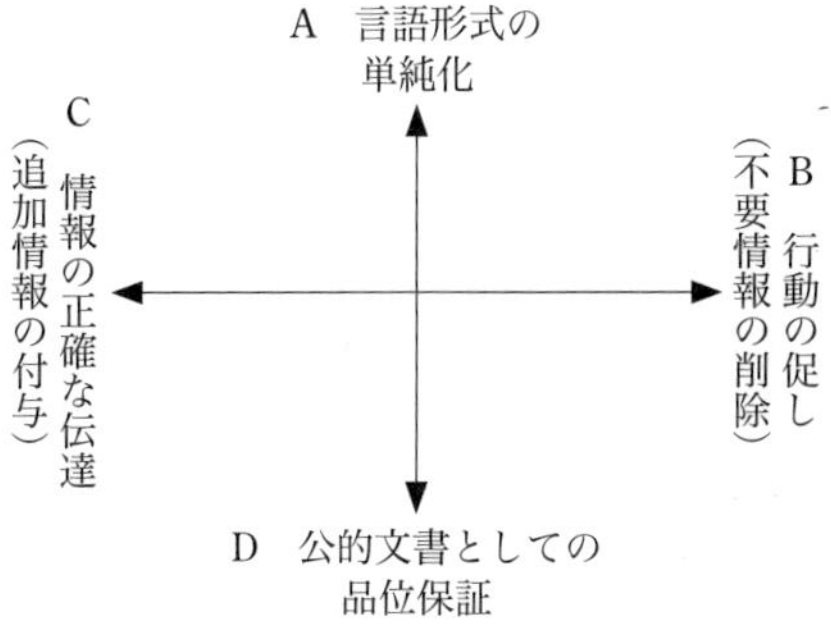

図 6-2　母語話者におけるジレンマ

b　これは個人的な考えですが、勧誘のちらしにイラストが入っていると、ある種の「余裕」を感じます。イラストは大抵が笑っているものが多く、そんなに困っていないのではないかという印象を受けるからです。自治体の活動は「楽しいもの」や「幸せなこと」ではなく、自治体に入って活動することで「楽しさ」や「幸せ」が得られるのであって、初めからイラストのような印象を与えてしまうと、逆に加入しなくても「安全な町」であると勘違いされてしまうのではないかと思ったので、イラストは使用しませんでした。

（評点が高かった書き手のコメント）

（7）まず、防犯防災という文字を災害や犯罪の予防という文字に変えてみた。防犯防災と聞いて外国の方が分かるかな？　と思ったのでより嚙み砕いて書き表してみた。次に、地域環境保全という文字を地域の環境を綺麗に保つという言葉に言い換えた。（中略）次に、住民親睦という言葉は住民同士のコミュニケーションという言葉に変えた。（中略）少子高齢化という我々日本人が聞いても難しいと思う言葉は、生まれて来る子供の数が減り、お年寄りの数が増える事と長くなったが詳しく書いてみた。

（評点が低かった書き手のコメント。傍線は原文）

これらの実験からうかがえることは、母語話者が調整をするといっても、その実態はさまざまであることと、内容は多様であっても、相手（外国人）の立場に立って話したり書いたりしたものは、わかりやすいものになっているという事実です。特に後者は、このあと述べる本章の内容にとって重要な意味を持っていると考えられます。

日本語母語話者に求められる日本語能力とは何か？

ここからは本章のテーマである、「〈やさしい日本語〉が日本語母語話者にとって持つ意義」について考えていきます。

このことを考えるために、まず、日本語母語話者に求められる日本語能力とはどのようなものであるかについて考えてみたいと思います。

筆者は、日本語母語話者にとって最も重要な日本語能力は、「自分の考えを相手に伝えて、相手を説得する」ということであると考えています。この能力（スキル）は、大学におけるアカデミックな活動（タスク）で言えば、論文（やレポート）(2)を書いたり、ゼミや学会などでプレゼンテーションを行ったりすることであり、企業においては、商談や、自らが立案した企画に関するプレゼンテーションを行うといったことであり、地域社会においては、自治会への入会を勧誘したり、集合住宅の自治会の役員として管理会社と交渉を行ったりすることなどです。

ちなみに、以下で述べる点は、日本語母語話者が英語を使う際にも最も重要なものであると考えられます。英語教育の目的が、「海外で通用する英語力を身につけさせる」ということであるなら、まずこうした「自分の考えを相手に伝えて、相手を説得する」タスクを日本語で遂行できる能力を持たない限り、いかに発音や「コミュニケーション」がうまくなっても、そうした目的は到底達成できないと思われます。そのことを理解せずにいたずらに「コミュニケーション」志向に舵を切ることは多くの危険を伴います。この点については、大津ほか(2013)、長谷川編(2015)、長谷川(2015)などが詳しく論じていますので参照してください。

さて、これらのタスクに共通するのは、「自分(だけ)は知っているが相手は知らないことを、言語を用いて相手(聞き手)に伝え、相手を説得し、自分の意見を受け入れさせる」ことです[3]。これらの活動が一般の日本語母語話者にとって重要な意味を持つことは理解していただけるものと思います。

それでは、これらの言語を用いた活動が、現在の高校までの学校教育で積極的に行われてきているかと言えば、答えは必ずしも肯定的とは言えないのではないでしょうか。大学のいわゆる初年次教育などで、レポート(や論文)の書き方やプレゼンテーションの方法が多く取り上げられるのは、このあたりの事情によるのではないかと思います[4]。

　このように、日本語母語話者にとって必要な日本語能力が特定できたわけですが、それと〈やさしい日本語〉はどのように結びつくのでしょうか。このことを考える上で、前章で紹介した「有標」という概念が重要な役割を果たします。

　言語に関する事象の中には有標なものが隠れた事実をあぶり出すということがあります。先に紹介したジェンダー問題もその一例です。

　ここでは、もう1つの例として、失語症の研究を紹介したいと思います。

　失語症というのは、交通事故や脳の疾患のために、脳の機能の一部が失われ、そのために言語に障害が生じる病気です。この失語症は、1920年代から言語学の研究対象になっています（チョムスキーが生成文法に関する最初の著作を発表したのが1957年ですから、失語症の研究がいかに早くから行われていたかがわかります）。

　失語症の研究にはいくつかの目的がありますが、その1つに、脳のどの部位がどの言語活動のどの部位を司っているのかを知るということがあります（酒井2002参照）。つまり、失語症患者の脳の損傷部分と、その人が失った言語機能とを突きあわせることで、脳のどの部分で言語のどの機能が司られているかがわかるというわけです。

　この場合、失語症という「有標」な例があることが有用な発見を可能にしているわけです。

脳に障害がない「無標」のケースを調べて同様の結論を得ることは全く不可能ではないにしても、非常に困難であることはおわかりになると思います。

このように、「有標」の事例が重要な事実を照射することは実は（言語に限らず）よく見られることであり、これから述べる〈やさしい日本語〉もその一例に過ぎないのです。

有標な存在としての「外国人の日本語」

右で、有標な存在の重要性について述べました。このことは、「外国人（日本語非母語話者）の日本語」にも当てはまります。

例えば、右で取り上げた宇佐美氏の2つ目の実験の場合、ここで課されている「自治会への入会の勧誘」というタスクは、これも前述の、日本語母語話者に最も求められる日本語能力である「自分の考えを相手に伝え、相手を説得する」に含まれます。しかし、このタスクを日本語母語話者相手に行った場合は、日本語母語話者の日本語能力を磨くという点での効果はあまり期待できません。それは、タスクを実践する日本語母語話者側に、「適当に言っても通じる」というある種の「甘え」があるため、その場が自然な（authentic）ものになりにくいためです。"authentic"も"natural"も日本語では「自然な」ですが、両者の意味は異なります。"authentic"

で言う「自然」というのは、「現実に存在する」という意味です。この要素が欠けると、そのタスクは単なる「練習のための練習」になってしまいます。非母語話者にとってはそれでも一定の意味はありますが、母語話者にとってはそうした「練習のための練習」ではだめなのです。つまり、このタスクが「現実に行っているのと同じもの」と認識できるようにならなければならないのです(これは、ちょうど、実際の災害の場面と結びついていない限り、いくら「防災訓練」をしても実際の役には立たないのと同じことです)。

一方、相手が実際の外国人である場合は、外国人には「適当に言う」と通じない(外国人は「わからない」と言ってくれる可能性が日本語母語話者より高い)ため、その場が自然なものとなり、結果として、日本語母語話者の日本語能力を高める機会を提供することになるのです。

日本語表現の鏡としての〈やさしい日本語〉

このように、外国人という有標な相手に向けて、その人に正確に情報を伝えたり、その人を説得して何かをやってもらおうとしたりするためには、自分がふだん、無意識に(無自覚に)使っている日本語を、相手に通じるように調整しなければなりません。

何のためにそんなことをしなければならないのだ、と思われる方も多いかもしれません。しかし、ここまでの議論でおわかりいただけたかと思うのですが、そのように、外国人に伝わるように自分の日本語を調整するという行為は、実は、「自分の言いたいことを相手に聞いてもらい、相手を説得する」という、母語話者（この点は日本語に限りません）にとって最も重要な言語能力の格好の訓練の場になるのです。つまり、この点で、〈やさしい日本語〉は、日本語母語話者にとって「日本語表現の鏡」としての役割を果たすのです。

この点について、早くから指摘している文献があるので紹介します。それは、野田・森口（2003）です。この本の中で、野田氏らは「日本語弱者のことを配慮して書く」という課題として、次の例（「東京ひらがな新聞」の記事）を挙げ、この文章を日本語がまだあまりよくできない外国人向けに書き直すタスクを掲げています。

この「東京ひらがな新聞」という架空の、外国人向け（のはずの）新聞記事（この記事は総ルビで書かれるとされています）がいかに難しいか（＝「普通の」日本語にルビをつけただけでは全くやさしくならない）ということを読者に実体験させることが野田氏らの目的であると考えられます。

いつ起きてもおかしくない首都圏を襲う地震に備える

現在の地震学ではある地域に起きる地震の直前予知を行うことは出来ないとされている

が、長期的にどの地域でどのような地震が発生するかはかなり正確に予測出来るようになってきた。

関東地方でいつ起きてもおかしくないとされるのは東海地震と首都圏直下型地震であるが、両者は相前後して起こる可能性が高く、首都東京を始めとする人口密集地に甚大な被害をもたらすことが危惧されている。

対象地域の住民は家具は転倒防止器具等によって転倒しないような措置を講じる、定期的に非常持ち出し品のチェックと補充を行う等、普段から地震に対する様々な備えを行う必要がある。地震直後に必要になる水や保存食はもちろんのこと、給水車から給水を受けるためのポリタンク等も事前に購入しておきたい。

（野田・森口 2003）

筆者の書き換え案を示します。

東京などで地震が起きるかもしれないので、地震のときのための準備をしてください

今の地震の研究ではどこで地震が起こるかを、地震が起こるすぐ前に知ることはできません。しかし、どこでどのような地震が起きるかは前より正確にわかっています。

関東地方では東海地震（東海地方で起こる大きい地震）と首都圏直下型地震（東京や東京のすぐ近くで起こる大きい地震）はすぐ起こるかもしれません。この2つの地震はほとんど同時に起きる可能性が高いです。東京などのたくさんの人が住んでいるところで被害が出ることが心配です。

関東地方に住んでいる人は次のことをしてください。

（1）家具が倒れないように固定する

（2）地震のときに持って行くものを袋に入れて、いつも、足りないものがないかを調べる

地震のすぐあとのための水や食べ物はとても大事です。水をもらうときのためのポリタンク（水を入れるもの）も買ってください。

本章のまとめ

本章では、「日本語母語話者としての〈やさしい日本語〉」について考えました。これには、次の2つの側面があります。

（8）a　地域社会における共通言語としての「やさしい日本語」。
b　日本語母語話者の日本語表現の鏡としての「やさしい日本語」。

両者はともに非常に重要です。そのことは、ここまで本書を読んでくださったみなさんにはおわかりいただけていると思います。特に、(8a)は「多文化共生社会」を実現する上で不可欠のものとも言えます。

しかし、(8a)だけだと、かなり多くの人は、「外国人のためになぜ自分たちがそんなことをしなければならないのだ」「他の先進国でそんなことをしている国はない」といった感想を持たれるかもしれません(筆者自身、全国各地で行ってきた講演やワークショップの場でこうした反応にたびたび接してきました)。

こうした考え方は、一見するとわかりやすいのですが、実は正しくない、少なくとも、ことがらの半分しか見ていないということを示すのが本章の目的です。

すなわち、外国人のために日本語を調整する訓練をすることは、自らの日本語運用能力を高める格好の機会になるのです。それは偶然ではありません。日本では、少なくとも高校までの間に、ディベートに相当するものをあまり経験していません。ディベートの教育的効果について論評する力は筆者にありませんが、ディベートにおいて重要な点は、相手を説得するということが活動の目標に入っていることです。さらに、ときには、自分と正反対の考え方に立つことも要求されます。こうした活動を日ごろから行っていれば、自分の考えを述べて相手を説得するという言語能力を訓練することはある程度可能であるかもしれませんが、それが十分に行われているとは言いがたい現在の日本の学校制度の中で、それに最も近い役割を果たすのが本章で取り上げた外国人に対する情報提供という課題であると筆者は考えています。

近年、企業が「コミュニケーション力」を求める傾向が強まっています。このコミュニケーション力ということを具体的に考えてみると、それが前述の「自分の考えを相手に伝えて、相手を説得する能力・スキル」であることは明らかだろうと思います。本章で見た〈やさしい日本語〉を用いた実践は、日常生活の中でこうした能力を磨くことができる、まさに「日本語表現の鏡」としての側面を持っています。そして、そうした方向で、一般の日本語母語話者が〈やさしい日本語〉の使用を実践することは、結果的に、「地域社会における共通言語」としての〈やさしい日本語〉という側面を、日本社会の中に広げることにつながります。

このように、〈やさしい日本語〉は日本語母語話者にとっても重要な存在なのです。

注

（１）｛　｝の中は注釈で、同時に発話されたものは、重ねられた発話は／でくくり、重ねた方の発話は／／でくくっています。

（２）なお、「レポート」は必ずしも相手（読み手）を説得する段階までを含むものではないため、「論文」とはかなり異質なものとして考える必要があります。

（３）「プレゼンテーション（プレゼン）」の場合は、スライドなどの視覚的な情報も用いられますが、言語が中心であることに変わりありません。

（４）ただし、森（2013）が指摘しているように、このことは、こうした活動がこれまでの学校教育（国語教育）で行われてこなかったということではありません。むしろ、こうした活動は、戦後一貫して学習指導要綱の中で取り上げられてきており、この点には十分な注意と配慮が必要です。

第7章

多文化共生社会に必要なこと

前章まで、いくつかの観点に分けて、日本が移民受け入れに舵《かじ》を切り適切な形で移民を受け入れるために考慮すべき言語的な課題について、〈やさしい日本語〉との関連で見てきました。本章では、全体のまとめとして、「多文化共生社会」を目指す上で重要な観点についての筆者の考えを述べてみたいと思います。

「外国人が増えると犯罪が増える」は本当か？

移民受け入れに対する反対論の1つに、「外国人が増えると犯罪が増える」というものがあります。これは、事実でしょうか。

現時点で、日本は正式に移民の受け入れを認めていませんので、今後のことを正確に予想することはできませんが、その傍証になると思われるデータがあります(1)。

表7-1は2012(平成24)年の刑法犯の検挙率を警察庁のホームページ(2)上のデータにもとづいて算出したものです。警察庁のデータには本書で言う「定住外国人」だけを対象としたものがないようなので、このデータは短期滞在者を含む全外国人対象のものとなっています。

そのため、この数値は参考にしかなりませんが、それでも、「定住外国人」の多数を占める

表7-1　日本人と外国人の犯罪検挙率(2012年)

	総人数	刑法犯総検挙人数	1万人当たりの検挙人数
日本人全体	125,957,000	276,602	22.0
外国人全体	10,607,825	10,419	9.8
中国(香港含む)・台湾	4,108,814	3,170	7.7
韓国・北朝鮮	2,609,824	3,252	12.5

中国(香港を含む)・台湾、韓国・北朝鮮の国籍を持つ人の犯罪率が日本人の犯罪率を大きく下回っているという事実は重要であると考えられます。

このことは何を物語っているのでしょうか。それは、「定住外国人」にとっては、日本が生活の基盤であるということです。言い換えれば、もし罪を犯して日本を追われることになれば、生活の基盤を失うということです。

もちろん、このことが犯罪の「抑止力」になったとしても、だから罪を犯さないとは言えません。しかし、それは、日本人の場合も同じで、罪を犯せば、社会的な地位や仕事などを失うということが「抑止力」になっていても、現実には罪を犯す人もいます。

したがって、外国人が「定住」したとしても、犯罪がなくなるわけではありません。しかし、定住外国人の犯罪率は、おそらく、日本人の犯罪率よりも(かなり)低くなるはずです。それは、罪を犯しても日本人の場合はまだやり直すことが可能であるかもしれませんが、日本を事実上生活の拠点としている定住外国人にとっては「やり直し」は日本人以上に困難であり、そのことが犯罪に対する強い「抑止力」になると考えられるからです。

このことを別の角度から言えば、移民を受け入れる際に、その人たちが日本社会の中で、安定した「居場所」を作ることができ、その人たちの子どもたちが、日本社会の中で、「まっとうに努力すれば日本人と対等に競争できる」ことが保障されること、すなわち、そうした努力が認められるような政治的、社会的なしくみを作っていくことが、安定した地域社会を作る上での最重要課題であるということです（逆に言えば、第4章の冒頭で述べたような形で、こうした保障が実現しないまま移民の受け入れだけが進んだ場合は、社会の不安定要因が高まることが強く懸念されます）。

〈やさしい日本語〉でできること

右記の課題を実現するために、〈やさしい日本語〉ができることとは何でしょうか。

まず重要なのは、初期日本語教育の公的保障の実現とその効果ということです。

第2章と第3章で詳しく述べたように、「居場所作りのための〈やさしい日本語〉」は、定住外国人が「母語で言えることを日本語でも言える」ことを目的として設計されていますが、同時に、「初期日本語教育の公的保障」が実現した際に、そのシラバスとしてすぐに使えるということも含んで設計されています。

さらに、これも第2章で見たように、そこで用いられているステップ1、2という文法シラバスは、基本的に、公的文書の書き換えやNHKのNews Web Easyでも使われています。これは、ステップ1、2を初期日本語教育において習得できれば、地方自治体から提供される情報や、NHKから提供される日本国内の情報を「日本語で」手に入れることが可能になることを意味しており、そのことは、例えば、地方自治体からすれば、ゴミの出し方から始まるさまざまな情報を定住外国人に提供しやすくなるという点で、コストを減らすことにつながります（現状の形で必要な情報を定住外国人に周知するのにかかるコストと、プロの日本語教師を職員（または、それに近い待遇）で1人雇用して、〈やさしい日本語〉による初期日本語教育に対応させるのにかかるコストを比べれば、後者のほうが圧倒的に安価ですむと思われます）。

もちろん、50〜100時間の初期日本語教育だけで、それらの能力を全て身につけることは必ずしも容易ではありません。そのときに、それを補完する形で機能するのが地域の日本語教室です。ただし、これも前述のように、地域の日本語教室の第一義的な機能は、定住外国人の「居場所」となることであり、ボランティアの最大の役割は、定住外国人との間に信頼関係（ラポール)を形成することです。そうした信頼関係ができ、かつ、日本語教室が「居場所」と認識されるようになって初めて、日本語の「教育」が可能になります。そして、この時点では、外国人側に日本語学習の動機付け(モチベーション)が高まっているため、「教育」を行っても高い効果が期待できると考えられます。

このようにして、日本語教育の専門家(プロ)が行う初期日本語教育と、その後に、適切な形でボランティアが行う日本語教育とが両輪となって進んでいくのが、これからの地域日本語教育にとって重要であると筆者は考えています。

「ヒューマニズム」だけでなく

ここからは、本書のまとめとして述べておきたいことを記します。

それは、「多文化共生社会」の実現のためには、「ヒューマニズム」だけでは不十分なのではないかということです。

第4章と第5章において、外国にルーツを持つ子どもたちとろう児の問題について、「タックスペイヤー」ということを強調しました。このことを強調することが、避けがたい理由によって社会保障を受ける側になっている方たちの心証を害するおそれがあることも理解した上で、それでも、「タックスペイヤー」になるということを強調する必要があると考えたからです。

なぜ「タックスペイヤー」なのかと言えば、今の日本では、それが、彼／彼女たちが社会的に「自立」する道だからです。彼／彼女たちに支援の手をさしのべることは極めて重要です。しかし、彼／彼女たちはいずれ「自立」できないと、その先、自己実現できる可能性は極めて小さくなってしまいます（現在の日本で、中学卒業で就職先を見つけようとした場合、その選択肢が極めて限られていることは自明です。また、「中卒は金の卵」と言われた時代とは異なり、就職した後、（定時制や通信制の）高校に進学し、さらに大学に進むことは相当難しくなっています。[3] もちろん「不可能」ではありませんが、それが「普通（無標）」であってはならないと思います）。

そうだとすれば、何にも増して、彼／彼女たちの高校進学と高校での授業について行くためのサポートに、日本語教育関係者は全力を傾注すべきではないでしょうか。なぜなら、今サポートしているその子どもを一生涯サポートできるわけではないのですから。

本書の提案に近い考え方を実行している企業もあります。中川（2015）の第5章では、「「貧困投資」はペイする」と題して、ゴールドマン・サックスなどの外資企業が日本国内で行っている貧困投資の内容が具体的に記されています。

もちろん、貧困者への投資には「慈善」の気持ちが含まれています。慈善の気持ちが全くなければ、そうした投資は行われないでしょう。しかし、慈善だけではだめなのです。あくまで、それが「投資」として「ペイする（引き合う）」ことが、福祉に人とお金を引きつけるためには必要です。そのことを理解するためには、第5章で引用した「ろう者の祈り」の記事にある「同情を超え、競争できる社会を」というろう者の叫びに耳を傾ける必要があると思います（同記事の引用部分にあるイギリス政府の施策と、中川（2015）にあるゴールドマン・サックスの投資行動の理由とは酷似しています）。

「外国人に譲歩する」のではなく

次に述べておきたいのは、〈やさしい日本語〉は決して、「外国人に譲歩する」ものではないということです。本書をここまで読んでくださった読者はそうはお考えにならないでしょうが、〈やさしい日本語〉で「多文化共生」という風に話をすると、よく出てくる反応は、「なぜ外国人のために日本人が譲歩しなければならないのか」「外国でそんなことをやっている国はない」といったものです。

こうした反応は間違ってはいません。しかし、「もったいない」のは確かです。第6章で見たように、〈やさしい日本語〉は日本語母語話者にとって、自らの日本語力を高める絶好の機会になります。そして、日本語力を高めることは、現在の日本で最も声高に言われている「コミュニケーション力」を高めるために不可欠なものです。言い換えれば、日本語母語話者が日本社会で成功する上で最も重要な能力を磨くための絶好のトレーニングの場なのです。

それでも、〈やさしい日本語〉を「外国人に譲歩する」ことだとしか考えられないとすれば、それは「もったいない」と言わざるを得ません。ここで思い起こしていただきたいのは「情けは人のためならず」という諺の本来の意味です。〈やさしい日本語〉を使うことは、「人（他人＝外国人）」のためではなく、「自分」のためなのです。

ここで、筆者の心に強く残っている、イ・ヨンスク氏の文章を引用したと思います。

確かに、日本語が母語話者以外にも用いられるようになれば、当然のように「変な」日本語を耳にする機会が増えることでしょう。大切なのは、その「変な」日本語をはじめから拒絶するのではなく、その「変な」日本語を通して、相手は何を言おうとしているのかを理解しようとすることです。

この例は、「外国人問題」とされることのかなりの部分が、日本人側の態度に原因があることを、言語のレベルでよく示しています。これまで日本社会の基準とされてきたものを、かたくなに守ろうとするのではなく、外国人との出会いを通じて、もうすこし柔らかなものに変えていくべきではないでしょうか。国立国語研究所の野山広さんは、定住する外国人の数が増えるにつれて、「[外国人の]日本語のレベルや習得状況はどうであれ、まずは、地域の日本人住民と日本語を使う日本語人同士として、日本語を通じた交流活動の充実を図ることが重要となってきます」と指摘しています(野山 2009: 157)。そしてその際には、「外国人住民が日本社会に適応するだけでなく、状況に応じて、日本社会の側からも変わっていく」ことも必要であると述べています(野山 2009: 159)。

大切なのは、現実の対話場面においては、日本語能力の高低にかかわらず、外国人もコミュニケーションの対等の参加者として尊重することであり、聞きなれない言語表現に対してすぐに違和感や嫌悪感をもたないような言語的寛容さ、言語的ホスピタリティをもつことだと思います。外からやって来た「外国人」に対して日本人がいやいや譲歩するということではありません。外国人にとって住みやすい社会は、日本人にとっても住みやすい社会であるに違いありません。

(イ 2013)

「機能」から考える

もう1つ、本書を通じて述べたことを繰り返しておきたいと思います。それは、言語(ことば)を「機能」から考えるということです。

第3章で述べたように、ステップ1とステップ2は、〈やさしい日本語〉に求められる「体系性」と「簡潔性」をあわせ持ったものですが、それが可能になったのは、階層構造をもとに、初級の文法項目を「機能」の観点から取捨選択していった結果です。

同様の観点は、第5章で述べたろう児に対する日本語教育においても見られます。ここでは、言語にとって本質的なのは、シニフィアンとシニフィエの関連づけであって、シニフィアンが「音声」記号である必要はなく、「文字」でもよい、と考えたわけですが、これも、言語にとって何が重要かということを「機能」という観点からとらえた結果です。

こうした機能主義的な観点から考えると、音声を使わなくても(音声を出せなくても)コミュニケーションは可能であるということがわかります。

例えば、咽頭ガンで声帯を失った人でも、キーボードから入力した内容を読み上げるソフトを使えば、自らの考えを「声」として他者に伝えることができます。また、ALS(筋萎縮性側索硬化症)などの難病で全身のほとんどが動かない人でも、まぶたなどの反応をコンピューターで読み取って文字を打ち込むといった形で自らの「意志」を伝えることが可能になっています（さらに、最新の機器では、物理的な動きがなくても、「動かそうとする意思」に反応する生体電位をとり出して、同様にコンピューターに取り込むことができるようになっています）。これも、言語を狭義の「音声」だけのものと考えないところから可能になってきたことと言えるのではないかと思います。

〈やさしい日本語〉は国語教育の問題である

ここで、野田尚史氏が〈やさしい日本語〉について書かれた論考（野田2014）を紹介し、それに賛同する部分と必ずしも賛同できない部分について述べたいと思います。

前章でも紹介したように、野田氏は非常に早い段階から、「わかりやすい表現」ということに留意した研究を推進されてきました。野田（2014）は、日本語教育学会の機関誌『日本語教育』が初めて組んだ「やさしい日本語」の特集号に書かれたものです。

その中で、野田氏は、次の3点を指摘しています（（1a）〜（1c）は庵による要約）。

（1）a「やさしい日本語」は、非母語話者に対する日本語教育の問題ではない。

b「やさしい日本語」は、母語話者に対する「国語教育」の問題である。

c 接触場面においては、文法や語彙の選択だけでは十分ではなく、図表の使用や伝える情報の取捨選択といった「ユニバーサルな日本語コミュニケーション」を意識することが重要である。

このうち、(1c)については、筆者も全面的に賛成です。前述の「機能」という観点からすれば、「ことば」にしなくても十分に情報が伝わるのであれば、絵文字やピクトグラム(非常口のマークのように内容を単純に示す視覚記号)などを積極的に使っていった方がいいと考えます。

次に(1b)ですが、これに関して野田氏は次の例を挙げています。

(2) 外来の人になにもてきません。学校きたからみんなてわるいのはなしいわれました。この人ともだちいない。自分てさふしかたです。この人を中国から来ました。いろいろがわかないし。たれかおしえて欲しい。でもみなでわたしのきもちなんかわかないです。わたしはわかる一年前にわたしは日本にきたの学校にきたときに。みんな怖い。学校にいきたぐない。こころときときする。教室の中に。みなてなんかいわれた。わたしはいろいろかわかりません。たれかたずけて。自分で怖いかた。わたしは学校でいぢめることあります。あのどき怖いかた。あの人のきもちわたしはわかります。あのときさぶしかた(4)。

（清水 2006。野田 2014 より。原文の傍線は削除）

（2）は「来日2年になろうとする中学校1年生の中国籍の女の子」が実際に書いた作文です。野田氏は、こうした「わかりにくい日本語」を理解する能力を日本語母語話者が養うべきであるとし、これを「国語教育」の問題であるとしています。

具体的には、「怖いかた」は「怖かった」であるとか、「わたしは学校でいぢめることあります。」というのは、文脈から「いじめられる」こともあるという意味だと類推できるといった能力を養うべきであるということです（「多文化共生」のためには、このような形で自らの恐怖を発信している他者がクラスにいることに気づく能力もあわせて養う必要があります）。

この指摘は、「外国人の日本語」を差別しない「公平な耳」を持つことの重要性を説いた土岐（2010）とも共通する重要な指摘であり、筆者も基本的に賛成です。

〈やさしい日本語〉は日本語教育の問題でもある

このように、（1b）と（1c）については、野田氏の指摘に筆者も基本的に賛成です。ただし、「「やさしい日本語」は非母語話者にどのような日本語を教えるのがよいかという日本語教育の問題ではない」とする（1a）の主張には、全面的には賛成できません。

確かに、「居場所作りのための〈やさしい日本語〉」に関して言えば、（1a）の主張は受け入れられるものであると言えます。しかし、外国にルーツを持つ子どもたちの場合には、そのように言うわけにはいかないと考えます。

例えば、（1b）には、「非母語話者のわかりにくい日本語を母語話者が理解すること」が含まれています。それは一般論としては適切であると考えられますが、そこで言う「わかりにくい日本語」は日本語母語話者の「方言」と同じ種類のものだろうと思われます。もし、野田氏の主張が、「外国人の日本語」は、日本語母語話者の「方言」と同じものだから、「方言」と同じ「日本語のバリエーション」として、日本語母語話者はそれを受容すべきである、という主張であれば、それには賛成です（土岐 2010、庵 2013b 参照）。

ただし、その場合は、「方言」で、大学のレポートや会社のビジネス文書を書いても受容すべきだといったことも含まれなければならないと考えます。もし、そのような観点を含まないものであるとすれば、そうした考え方は、結局のところ、外国人が日本で、日本社会の一員として生活する機会を奪うことになるのではないでしょうか。例えば、第5章で取り上げた朝日新聞の記事にあるように、たかだか「てにをは」の違いにすぎないことをあげつらって、マイノリティーに生きる希望を失わせるような今の日本社会の中で、「外国人の日本語」を使い続けて、周りの日本語母語話者に理解のコストをかけながら、それでも、社会的に自己実現は可能だとするのは、無理があるように思われるのです。

ただし、このことは、前述の野田氏の指摘を否定するものではありません。時間がかかっても、「外国人の日本語」を理解するリテラシーを日本語母語話者が身につけていくこと、そして、そうした教育を「国語教育」として行うことは極めて重要です。しかし、英語のように、圧倒的多数が非母語話者同士のコミュニケーションで占められている言語においてさえ、「論文」や「ビジネスレター」「プレゼンテーション」といった社会的に重要度が高い文書や口頭発表の言語としては、「ネイティブ（母語話者）」の英語が基準とされるという現状から考えて、そうした言語スタイル（「精密コード（elaborate code）」と呼ばれます）を習得する必要があるのは避けがたいことであると思われます。

このことは、話しことばと書きことばの違いとしても捉えられるかもしれません。例えば、ニクソン政権などでアメリカの国家安全保障問題担当大統領補佐官などを歴任したキッシンジャー氏(Henry Alfred Kissinger)はドイツ系ユダヤ人で、氏の話す英語は強いドイツ語なまりがあります。このように、キッシンジャー氏の英語は「外国人の英語」であるわけですが、そのことが氏が書いたものの内容の価値を下げたわけでは全くないことは、歴史的に見て明らかでしょう。

この例からわかることは、話しことばが「外国人の日本語」であることは必ずしもその人の評価を下げるとは限らないこと、しかし、書きことばではそうした「外国人の日本語」は(少なくとも現状では)受け入れられていないこと、したがって、書きことばにおいては、「精密コード」としての日本語」を習得しなければならないということです。

ちなみに、この「精密コードとしての日本語」は日本語母語話者ならだれでも使えるというものではなく、日本語母語話者もいわば「第二言語」として習得しなければならないものであり(現在多くの大学の「初年次教育」で、日本語母語話者対象にレポートの書き方などが講じられていることからも、このことが事実であることがわかります)、この点では、「日本語を母語とする健常者」と外国にルーツを持つ子どもたちや障害を持つ子どもたちの間に差はないとも言えます。

重要なのは「お互いさま」の気持ち

最後に、「多文化共生社会」のために最も重要だと考えていることを記したいと思います。それは、「お互いさま」の気持ちということです。

第5章で見たように、人間はどうしても自分の価値観を「普通(無標)」と考えてしまいがちですが、このことは得てして、ものの見方を誤らせます。

例えば、地域の日本語教室で、「飲んだ」「書いた」のような「タ形」を学んだばかりの外国人が次のように言ったとします。

(3) 北海道に行きたことがあります。(○行った)

こうした場合に、それまで会話をしていたのをやめて、とうとうと「タ形の作り方」について「講義」を始めるボランティアの方の姿をよく目にします。確かに、「文法の教え方」の講座を受講したり、独学で日本語教育の勉強をしたりして知識を得たら、それを相手に説明したくなる気持ちはわからなくはありません。

しかし、です。(3)はそれほど重要な(あるいは、深刻な)間違いなのでしょうか。

文を作るには、文法(文型)と語彙が必要です。この場合、文法には文型の選択という統語論に関するものと、活用に関わる形態論上の問題があります。ここで、(3)は統語論(文型の選択)は正しいが形態論(活用)が間違っている場合ですが、逆に、活用は正しいが文型の選択は間違っている場合はどうでしょうか。例えば、(3)の意図した意味を言うのに(4)と言った場合がこれに当たります。

(4)　北海道に行ったほうがいいです。(意図した意味は「北海道に行ったことがあります」)

言うまでもなく、より深刻なコミュニケーション問題が起こるのは(4)の場合であり、(3)を言ったところで、普通は、問題にはならないはずです。

(3)は例えば、英語を学び始めの人が、(　)内の意味で(5)を言った場合に相当します。

(5)　I swimmed in the pool.(正しくは I swam in the pool.)

(5)も誤用ですが、おそらく、この文に目くじらを立てる英語母語話者は少なく、意味は十分わかるので、普通はそのまま会話を続けるだろうと思います。

(3)の誤用のレベルは(5)と同じようなものです。そうであるとすれば、(3)を言った相手に目くじらを立てるのは適切とは言えないことがおわかりいただけるかと思います。[5]

少し想像力を働かせれば、もし、外国でまだ心理的に落ち着かないで英語を学び始めたときに、いきなり母語話者から(5)は間違っていると言われたら、その後そのことが気になって話す内容に集中できなくなることは容易に理解できると思います。これが、「お互いさま」の気持ちということです。そして、そうした気持ちに自然になるためには、第2章で述べたように、「教える」のではなく、「学び合う」のだという考え方を持つことが重要なのです。

〈やさしい日本語〉と情報のバリアフリー

本書では、〈やさしい日本語〉という観点から「多文化共生社会」に必要な条件を考えてきました。また、「多文化共生社会」はマイノリティーのことを慮《おもんぱか》る社会であるとの立場から、言語的マイノリティーに関する問題を論じてきました。ただ、本書の一方の論点が移民受け入れにあるため、どうしても議論の中心が外国人の問題になり、障害者の問題は十分に扱うことができませんでした。

しかし、「多文化共生社会」にとって、言語的マイノリティーとしての障害者の問題は極めて重要なので、本書の最後に、問題の所在を記しておきたいと思います。

言語に関わる障害と一口に言っても、聴覚障害、視覚障害、知的障害、読み書き障害(識字障害、ディスレクシア）、その他の身体上の障害（例：失語症や認知症などによる脳の言語機能の部分的喪失や低下、声帯などの発声器官の喪失や損傷、ALSなどによる筋力の低下）などさまざまなものがあり、その全てを扱うことは筆者の能力を大きく超えます。

ここでは、その中で、知的障害に関する問題のありかを記したいと思います。

以下に紹介する文章は、「「わたしたちは、しょうがいしゃである前に、一人の人間である」という考えを最も大切にして、困難を抱えていても地域で当たり前に暮らせる社会をつくるために活動」することを目指すピープルファースト北海道会長の土本秋夫氏のものです。

ひつようで　てきせつな　じょうほう　が　ほしい。（中略）
そうげいの　くるまを　どうしても　ひつよう　とする　ばあいも　あるとおもうけど
ガイドヘルパーを　つかって　こうつうきかん　をつかい　もっともっと　がいしゅつ
できる　ようにして　しみんの　ひとに　なかまたちが　まちで　いきている　ことを
しらせて　いかないと　りかいも　されないと　おもう。
ともに　いきる　しゃかい　を　つくるためには　おおくの　なかまたちが　まちに　でる　かんきょうを　つくる　ことです。

こうつうでも　自分(じぶん)たちが　どこに　いきたいか　いっぱい　かかれて　いてもわからなく　なる。　かんじに　ふりがなを　ふることです。(中略)

交通(こうつう)きかんに　しても　一人(ひとり)で　どこに　いくか　ことばで　つたえきれ　ない　ことも　あります。

自分(じぶん)も　そうですが　あいてに　きくと　ゆうことが　むずかしい。

はつおんで　あいてに　つたえ　きれてない　ところもあります。

えきの　なまえに　ふりがなを　ふれば　こどもや　こうれいしゃ　がいこくからきたひと　にも　わかりやすく　なります。

いままで　自分(じぶん)たちは　わかりやすい　じょうほうを　うけて　いろいろなけいけん　をして、　たっせいかんを　える　ことが　すくなかった。

いままでは　じょうほうを　自分(じぶん)のものに　することができず　けいけん　たっせいかんを　うばわれてきた。

おや　まわりの人(ひと)たちは　なにも　わからない　と　さいしょ　から　きめつけてなんでも　かってに　やってしまう。

せつめい　するのも　めんどうと　おもっている。

けいけんも　させない。
せんたく　することも　させない。
ちいき　では　すめないと　きめつけている。
かってに　きめつけるのを　やめてほしい。
おとなに　なっても　○○ちゃんと　こども　あつかいする。
つごう　によって　おとなと　して　あつかわれたり　つごう　によって　なにもわからない　と　こどもあつかいする。
自分(じぶん)たちは　かんがえても　うまく　ひょうげん　することが　むずかしい。
どこが　人(ひと)と　ちがうのか　あいてに　つたえることが　むずかしい。
おや　まわりの人(ひと)の　つごうで　ふりまわされている。
自分(じぶん)たちが　どうやって　わかりやすい　じょうほうを　もらい　けいけんをし、たっせいかんを　えていくかです。
そのために　じょうほうの　バリアを　なくして　ほしい。
それが　ごうりてき　はいりょ　です。

（土本 2011。傍線は庵）

ここには、「当事者」の声が記されています。その中で、言語に関する部分として重要なのは傍線部ではないかと考えられます（知的障害者に対する情報提供に関して詳しくは、打浪（2013, 2014）、松尾ほか（2013）、あべ（2015）などを参照してください）。

「わかりやすい情報」を提示するにはどうすればいいのでしょうか。筆者は、誰もが同じ土俵に立てるという観点から出発する、という発想を持つ必要があると考えます。

誰もが同じ土俵に立てるとは、例えば、ろう者が手話通訳を利用できたり、肢体不自由者が車いすで自由に行動できたりすることです。これに関して重要な指摘があるので、引用します。

この社会には、さまざまな人たちが生活している。それは、だれもが知っていることだ。しかしこの社会は、人間の多様性をふまえて設計されているわけではない。これまでの社会では、一部の人たち、いわゆる多数派の人たちの身体が「標準」とされてきた。社会のなかで「ふつう」とされる身体をもつ人にとって生活しやすいようにデザインするのがこれまでの社会政策だったといえる。障害者などのマイノリティは、放置され、排除されるか、あるいは「特別な配慮」の対象にされてきた。しかし視点をひっくりかえしてみれば、理由をつけてだれかを排除するような社会のほうに問題があるのではないか。これまで「特別な配慮」などと見なされてきたものは、当然の権利を保障しているにすぎないのであり、場合によっては「特別」どころか不十分な配慮だったといえる。これまでの人間像や社会観に問題があったのである。

（あべ 2015。傍線は庵）

誰もが同じ土俵に立てるということを前提とするなら、「健常者」と「障害者」の区別（障害者に対する「差別」）はその基盤を失うことになるでしょう。

ただし、この場合にも、現状では多くのハードルがあることは明らかです。そこには、あべ氏が言うように、そして、本書でも指摘してきたように、「健常者」を「普通（無標）」と見、「障害者」を「特殊（有標）」と見て差別する、人間の特質があるように思われます（そして、そうした心理がことば（言語）に大きく影響を与えていることも、第5章などで見た通りです）。

しかし、もしそのように「障害者」を「排除」する社会を前提にするとすれば、そうした社会では最終的にはすべての人が排除されることになるかもしれません。例えば、年を取って、杖をつかなければ歩けなくなった人も、耳が聞こえにくくなった人も、「健常者」ではなく

「障害者」である〈「健常者」から「障害者」になる〉わけですが、「障害者」を排除する社会においては、そうした人たちも排除されることになります。

第5章で、「健常者」による「ろう者」に対する差別が簡単に「健常者」にも向けられるということを見ました。「障害者」を排除する社会(そうした精神性によって作られている社会)では、「老人」は「健常者」から排除されることになり、そのように老人を排除した「健常者」もまた、老人になったり何らかの理由で体の自由を失ったりした瞬間に社会から排除されるようになります。

このような「負の連鎖」が起こるのは、各人が自分を「普通(無標)」と見てそれと異なる人を「特殊(有標)」と見る「色眼鏡」を外せないことに起因しています。

色眼鏡を完全に外すことは無理だとしても、それに近づく方法はあります。それは前述した「お互いさまの気持ち」を持つことです。

お互いさまの気持ちから出発すれば、さまざまな「障害」は最終的には解決できるはずです。すぐには解決できなくても、少なくとも目指すべきゴール(目標)は設定できるはずです。そして、「障害」が「ことば」に関するものである限り、〈やさしい日本語〉にできることは数多くあると筆者は考えています。

本章のまとめ

本章では、これまでの議論のまとめとして、多文化共生社会を目指すために必要なことについて改めて整理して考えました。ここでも経済原理を持ち出した議論を行いましたが、これも繰り返し述べているように、経済原理だけで進めばいいといっているのでは決してないということはご理解いただきたいと思います。

注

（1）警察庁のデータでは、中国（香港を含む）と台湾が合算されているため、ここではそれにしたがっています。

（2）外国人による犯罪の検挙件数及び検挙人員（警察庁ＨＰ）
http://www.npa.go.jp/archive/toukei/keiki/h24/pdf/H24_27.pdf
訪日外国人数（日本政府観光局（ＪＮＴＯ）ＨＰ）
http://www.jnto.go.jp/jpn/reference/tourism_data/pdf/tourists_2014.np.pdf
総在留外国人数（法務省統計局ＨＰ）
http://www.e-stat.go.jp/SG1/estat/List.do?lid=000001111233

（表7-1の外国人の総人数は、この2つの統計値の合計です）
日本人人口（総務省統計局HP）
http://www.stat.go.jp/data/jinsui/2012np/

（3） 筆者自身、16歳から通信制の4年制の高校で学んで、大学に進学しました。卒業したとき、「同級生」は自分の両親の世代（あるいは、それ以上の年齢）の方ばかりでした。厳密には、同年代の「同級生」も入学時にはかなりの人数いましたが、同年代でいっしょに卒業した人はいませんでした。この筆者自身の経験からも、高校進学の年齢で、働きながら高校に通って、学力を身につけることが困難であることはよくわかります。「不可能」ではありませんが、「極めて困難」です。そうしたことを「普通（無標）」にしてはならないと考えます。

（4） この作文にはいくつか共通する表記上の誤りがありますが、その多くは、清音と濁音の混同（例：なにもてきません〈できません〉／学校にいきたぐ〈行きたく〉ない）と、促音の無表記（例：さぶしか[っ]た〈さびしかった〉）です。このうち、促音の無表記は、実際に促音が聞き取れていないのか、聞き取れてはいるが、表記できないだけなのかはこの作文だけではわかりません。後者のケースは、小学1年生ぐらいの日本語母語話者の子どもにもよく見られます。一方、清音と濁音を混同するのは、中国語（だけでなく、韓国語・朝鮮語やベトナム語などでも）では、清音と濁音に相当する「無声音-有声音」の対立（＝声帯が振動するかどうかの対立）は意味の違いには関係せず、息が出るかどうかという「無気音-有気音」の対立が意味の違いに関係するためです。したがって、逆に、日本語母語話者が中国語や韓国語を学ぶ際には、無気音と有気音の違いを聞き分ける（そして、ピンインやハングルで書き取る）ことが難しくなります（庵

2012b 参照）。

（5）　なお、このように言ったからといって、外国人は活用が正確にできなくてもいい、と主張しているわけではありません。最初は、活用表を見ながら話したり書いたりしてもよく、そのうちに口をついて出るようになり、最終的に初級を終わるころに正しい形を言えるようになっていれば十分です。ここでのポイントは、「いつ」正しい形が言えるようになることを目指すかであって、いずれ正しい形が言えるようになることを目指すのは議論の前提です（この点について詳しくは庵（2013b）を参照してください）。

あとがき

いかがだったでしょうか。

本文でも述べたように、筆者が本書で扱ったような問題に関心を持つきっかけになったのは、2002年に聞いた山田泉氏の講演でした。そのときに感じた、「理不尽」ということを何とかしたいという思いが初めて具体的な形になったのは2008年で、活字の形でその考えを公刊したのは2009年のことでした(庵 2009b)。

その後、多くの素晴らしい研究仲間を得ることができ、幸いにも大規模な研究費を獲得することもできて、〈やさしい日本語〉の研究を続けてこられました。

また、全国各地でののべ数百回に及ぶ講演やワークショップ活動、大学での授業その他の場で聴衆の方々からいただいたさまざまな質問に答えることなどを通して、筆者の中で、〈やさしい日本語〉の考え方はかなり大きく展開してきました。

さらに、〈やさしい日本語〉の研究を進める上で、横浜市市民局広報課、豊橋市役所多文化・共生国際課、横浜市教育委員会などの自治体の関係者の方々との協働にも支えられてきました。

これらの方々に心から感謝申し上げます。

〈やさしい日本語〉の「やさしい」には、「易しい」と「優しい」という2つの意味が含まれています（Iori 2016）。〈やさしい日本語〉の実践にあたっても、この2つの気持ちを忘れずにいたいと考えています。

まえがき、第4章、第5章で繰り返し強調したように、多文化共生社会の実現のために、日本語教育や日本語学にできることは数多くあります。特に、日本語教育はこの分野にとって絶対的に必要です。そのことを、全ての日本語教育関係者、日本語に関わる研究を行っている研究者に訴えたいと思います。何より、現在、日本語や日本語教育に関わる研究を行っている大学生、大学院生や、これらの分野に関心を持っている若い世代のみなさんが、本書で扱ったような問題に対して関心を持ち、研究を行ってくださることを期待しています。

本書をなすに当たって、以下のみなさんから貴重なコメントをいただきました。お名前を記して、感謝の意を表します。

岩田一成、岡典栄、太田陽子、栁田直美、宮部真由美、今村和宏、志村ゆかり、安達佳奈（順不同、敬称略）。

また、論文の転載をご快諾くださった土本秋夫氏に感謝申し上げます。

本書の企画から出版まで導いてくださった浜門麻美子さんに心から感謝いたします。
最後に、筆者の仕事をいつも支えてくれている家族に本書を捧げたいと思います。

２０１６年８月

庵　功雄

謝辞　本書は科研費 22242013 および 25244022 の研究成果の一部です。

社会

戦争と検閲 石川達三を読み直す　河原理子
生きて帰ってきた男　小熊英二
地域に希望あり　大江正章
地域の力　大江正章
遺骨 戦没者三一〇万人の戦後史　栗原俊雄
フォト・ストーリー 沖縄の70年　石川文洋
ルポ 保育崩壊　小林美希
アホウドリを追った日本人　平岡昭利
朝鮮と日本に生きる　金時鐘
被災弱者　岡田広行
農山村は消滅しない　小田切徳美
復興〈災害〉　塩崎賢明
「働くこと」を問い直す　山崎憲
原発と大津波 警告を葬った人々　添田孝史
縮小都市の挑戦　矢作弘

福島原発事故 被災者支援政策の欺瞞　日野行介
日本の年金　駒村康平
食と農でつなぐ 福島から　塩谷弘康・岩崎由美子
過労自殺〔第二版〕　川人博
金沢を歩く　山出保
ドキュメント 豪雨災害　稲泉連
希望のつくり方　玄田有史
親米と反米　吉見俊哉
人生案内　落合恵子
ひとり親家庭　赤石千衣子
女のからだ フェミニズム以後　荻野美穂
〈老いがい〉の時代　天野正子
子どもの貧困　阿部彩
子どもの貧困Ⅱ　阿部彩
性と法律　角田由紀子
ヘイト・スピーチとは何か　師岡康子
生活保護から考える　稲葉剛
かつお節と日本人　宮内泰介・藤林泰

家事労働ハラスメント　竹信三恵子
ルポ 雇用劣化不況　竹信三恵子
福島原発事故 県民健康管理調査の闇　日野行介
電気料金はなぜ上がるのか　朝日新聞経済部
おとなが育つ条件　柏木惠子
在日外国人〔第三版〕　田中宏
まち再生の術語集　延藤安弘
震災日録 記憶を記録する　森まゆみ
原発をつくらせない人びと　山秋真
社会人の生き方　暉峻淑子
豊かさの条件　暉峻淑子
豊かさとは何か　暉峻淑子
構造災 科学技術社会に潜む危機　松本三和夫
家族という意志　芹沢俊介
ルポ 良心と義務　田中伸尚
靖国の戦後史　田中伸尚
日の丸・君が代の戦後史　田中伸尚
憲法九条の戦後史　田中伸尚

言語

ものの言いかた西東　小林隆・澤村美幸
ことば遊びの楽しみ　阿刀田高
日本語スケッチ帳　田中章夫
日本語雑記帳　田中章夫
日本語の考古学　今野真二
辞書の仕事　増井元
実践 日本人の英語　マーク・ピーターセン
心にとどく英語　マーク・ピーターセン
日本人の英語 正・続　マーク・ピーターセン
ことばの力学　白井恭弘
外国語学習の科学　白井恭弘
百年前の日本語　今野真二
女ことばと日本語　中村桃子
テレビの日本語　加藤昌男
英語で話すヒント　小松達也
仏教漢語50話　興膳宏
漢語日暦　興膳宏

語感トレーニング　中村明
曲り角の日本語　水谷静夫
日本語の古典　山口仲美
日本語の歴史　山口仲美
日本語と時間　藤井貞和
ことばと思考　今井むつみ
漢文と東アジア　金文京
日本語の源流を求めて　大野晋
日本語の教室　大野晋
日本語練習帳　大野晋
日本語の起源〔新版〕　大野晋
日本語の文法を考える　大野晋
名前と人間　田中克彦
言語学とは何か　田中克彦
ことばと国家　田中克彦
英文の読み方　行方昭夫
漢字伝来　大島正二
漢字と中国人　大島正二
日本の漢字　笹原宏之
ことばの由来　堀井令以知

コミュニケーション力　齋藤孝
聖書でわかる英語表現　石黒マリーローズ
言語の興亡　R.M.W.ディクソン　大角翠訳
中国現代ことば事情　丹藤佳紀
ことば散策　山田俊雄
日本人はなぜ英語ができないか　鈴木孝夫
教養としての言語学　鈴木孝夫
日本語と外国語　鈴木孝夫
ことばと文化　鈴木孝夫
日本語ウォッチング　井上史雄
日本の方言　柴田武
日本語〔新版〕上・下　金田一春彦
日本語の構造　中島文雄
かな その成立と変遷　小松茂美
ことばとイメージ　川本茂雄
外国語上達法　千野栄一
記号論への招待　池上嘉彦
翻訳語成立事情　柳父章

岩波新書新赤版一〇〇〇点に際して

ひとつの時代が終わったと言われて久しい。だが、その先にいかなる時代を展望するのか、私たちはその輪郭すら描きえていない。二〇世紀から持ち越した課題の多くは、未だ解決の緒を見つけることのできないままであり、二一世紀が新たに招きよせた問題も少なくない。グローバル資本主義の浸透、憎悪の連鎖、暴力の応酬――世界は混沌として深い不安の只中にある。

現代社会においては変化が常態となり、速さと新しさに絶対的な価値が与えられた。消費社会の深化と情報技術の革命は、種々の境界を無くし、人々の生活やコミュニケーションの様式を根底から変容させてきた。ライフスタイルは多様化し、一面では個人の生き方をそれぞれが選びとる時代が始まっている。同時に、新たな格差が生まれ、様々な次元での亀裂や分断が深まっている。社会や歴史に対する意識が揺らぎ、普遍的な理念に対する根本的な懐疑や、現実を変えることへの無力感がひそかに根を張りつつある。そして生きることに誰もが困難を覚える時代が到来している。

しかし、日常生活のそれぞれの場で、自由と民主主義を獲得し実践することを通じて、私たち自身がそうした閉塞を乗り超え、希望の時代の幕開けを告げてゆくことは不可能ではあるまい。そのために、いま求められていること――それは、個と個の間で開かれた対話を積み重ねながら、人間らしく生きることの条件について一人ひとりが粘り強く思考することではないか。その営みの糧となるものが、教養に外ならないと私たちは考える。歴史とは何か、よく生きるとはいかなることか、世界そして人間はどこへ向かうべきなのか――こうした根源的な問いとの格闘が、文化と知の厚みを作り出し、個人と社会を支える基盤としての教養となった。まさにそのような教養への道案内こそ、岩波新書が創刊以来、追求してきたことである。

岩波新書は、日中戦争下の一九三八年一一月に赤版として創刊された。創刊の辞は、道義の精神に則らない日本の行動を憂慮し、批判的精神と良心的行動の欠如を戒めつつ、現代人の現代的教養を刊行の目的とする、と謳っている。以後、青版、黄版、新赤版と装いを改めながら、合計二五〇〇点余りを世に問うてきた。そして、いままた新赤版が一〇〇〇点を迎えたのを機に、人間の理性と良心への信頼を再確認し、それに裏打ちされた文化を培っていく決意を込めて、新しい装丁のもとに再出発したいと思う。一冊一冊から吹き出す新風が一人でも多くの読者の許に届くこと、そして希望ある時代への想像力を豊かにかき立てることを切に願う。

（二〇〇六年四月）

庵 功雄

1967年大阪府生まれ．大阪大学大学院文学研究科博士課程修了．博士(文学)．大阪大学助手，一橋大学講師，准教授を経て，2013年より一橋大学国際教育センター教授．
専攻ー日本語教育，日本語学
著書ー『新しい日本語学入門(第2版)』スリーエーネットワーク，『日本語教育・日本語学の「次の一手」』くろしお出版，『留学生と中学生・高校生のための日本史入門』晃洋書房，『「やさしい日本語」は何を目指すか』ココ出版(共編著) ほか

やさしい日本語—多文化共生社会へ
岩波新書(新赤版)1617

2016年8月19日 第1刷発行

著 者 庵《いおり》 功雄《いさお》

発行者 岡本 厚

発行所 株式会社 岩波書店
〒101-8002 東京都千代田区一ツ橋 2-5-5
案内 03-5210-4000 営業部 03-5210-4111
http://www.iwanami.co.jp/

新書編集部 03-5210-4054
http://www.iwanamishinsho.com/

印刷・精興社 カバー・半七印刷 製本・中永製本

ISBN 978-4-00-431617-6 Printed in Japan

付録
〈やさしい日本語〉マニュアル

ここでは、筆者を研究代表者とする研究グループと豊橋市役所の協働で作成した〈やさしい日本語〉マニュアル(「「やさしい日本語」を使ってみよう！〜外国人に分かりやすい・伝わりやすい日本語〜」)から、「書き換え」と「会話」のポイントになる部分を抜粋して提示します。

書き換え編

〈やさしい日本語〉に書き換えるときは、必ずしも原文全てを忠実に書き換える必要はありません。一番大切なことは、どうすれば伝わりやすいか「相手の立場に立って考える」ことです。

★情報を取捨選択し、一文を短く

想定する読み手を絞って、相手に何を促したいのか、という視点から整理します。その際、不必要な情報は思い切って削ります。

★結論や大切な情報は、なるべく文書の最初に書く

一番伝えたいことは先に明示します。また、下線や枠囲いなどで強調することも有効です。

★必要に応じて補足情報を加える

それだけでは意味が理解しにくいものは、(　)書きなどで補足の説明を加えましょう。また、★や※などで注記するのも有効な手段です。

(例)高台(高いところ)、土足厳禁　※靴を履いてはいけません

★図やイラストを活用する

難しい漢字や意味も一目で理解できます。

(例)天麩羅

★文末を統一する

文末を統一することで、読みやすくなります。

★漢字等にはひらがなでルビをふる

漢字にはひらがなでルビをふりましょう。

カタカナ英語や擬音・擬態語も使わないようにします。

(例)キャンセル⇒やめる

頭がガンガンする⇒頭が痛い

会話編

外国人に関わらず、会話においてもっとも大切なことは「相手を思いやる態度」です。下記に会話の際のいくつかのポイントを挙げますので、これらを意識して話してみましょう。

★説明は短く簡潔に

簡潔に話すほうが、聞いていて理解がしやすいものです。

★会話の途中で「分かりますか？」と確認する

会話は文章と異なり、相手の理解度を確認しながら話すことができます。長い説明のときでも、その都度確認しながら進めます。

★分かっていないと感じたら、別の言い換えを行う

理解していないと感じたら、どんどん別の言葉で言い換えてみます。

(例)公共交通機関を利用してください

⇒バスやタクシー、電車で来てください

⇒自分の車で来てはダメです

★相手の表情や反応を見ながら話す

会話では相手の態度や表情からもいろいろと分かります。

★ゆっくりはっきり発音する

ゆっくりはっきり発音することで理解しやすくなります。

★資料や図を活用する

ことばで伝わらない場合は、その場で図や資料などを活用します。

★難しい単語や言い回しは使わない

(例)納付してください⇒お金を払ってください

ご用件は何ですか？⇒どうしましたか？

これ以外に、庵監修(2010, 2011)に掲げている心得の中からも抜粋して追加します。

- 自分だけが話しすぎない
- 1回であきらめない
- 尊敬の気持ちで
- いろいろな質問文を作ってみる
- 質問しているのか説明しているのか、はっきりさせる
- だまって相手の話が終わるのを待つ
- 使えるものは何でも使おう

参考文献

阿部彩(2008)『子どもの貧困 —— 日本の不公平を考える』岩波新書

阿部彩(2014)『子どもの貧困Ⅱ —— 解決策を考える』岩波新書

あべやすし(2013)「第15章　情報保障と「やさしい日本語」」庵・イ・森編(2013)所収

あべやすし(2014)「第10章　情報のユニバーサルデザイン」佐々木編(2014)所収

あべやすし(2015)『ことばのバリアフリー —— 情報保障とコミュニケーションの障害学』生活書院

新井一二三(2004)『中国語はおもしろい』講談社現代新書

庵功雄(2003a)『『象は鼻が長い』入門 —— 日本語学の父　三上章』くろしお出版

庵功雄(2003b)「28 ことばに潜む差別」庵功雄ほか『やさしい日本語のしくみ』くろしお出版

庵功雄(2007)『日本語におけるテキストの結束性の研究(日本語研究叢書21)』くろしお出版

庵功雄(2009a)「推量の「でしょう」に関する一考察 —— 日本語教育文法の視点から」『日本語教育』142、日本語教育学会

庵功雄(2009b)「地域日本語教育と日本語教育文法 —— 「やさしい日本語」という観点から」『人文・自然研究』3、一橋大学

庵功雄(2011)「日本語記述文法と日本語教育文法」森篤嗣・庵功雄編『日本語教育文法への多様なアプローチ』ひつじ書房

庵功雄(2012a)『新しい日本語学入門(第2版)』スリーエーネットワーク

庵功雄(2012b)「10　指示表現と結束性」澤田治美編『意味とコンテクスト(ひつじ意味論講座6)』ひつじ書房

庵功雄(2013a)「公文書書き換えコーパスの統語論的分析 —— 受身を中心に」『人文・自然研究』7、一橋大学

庵功雄(2013b)『日本語教育・日本語学の「次の一手」』くろしお出版
庵功雄(2014a)「「やさしい日本語」研究の現状と今後の課題」『一橋日本語教育研究』2、ココ出版
庵功雄(2014b)「1.「やさしい日本語」の光栄ある未来のために」庵ほか(2014)所収
庵功雄(2014c)「言語的マイノリティに対する言語上の保障と「やさしい日本語」」『ことばと文字』2、くろしお出版
庵功雄(2015a)「第1章　日本語学的知見から見た初級シラバス」庵・山内編(2015)所収
庵功雄(2015b)「第2章　日本語学的知見から見た中上級シラバス」庵・山内編(2015)所収
庵功雄(2015c)「「やさしい日本語」研究が日本語母語話者にとって持つ意義──「やさしい日本語」は外国人のためだけのものではない─」『一橋大学国際教育センター紀要』6、一橋大学
庵功雄(2015d)「「やさしい日本語」研究の「これまで」と「これから」」庵編(2015)所収
庵功雄(2016)「外国人にとっての障壁としての漢字とその対策──日本語教育の立場から」『要約筆記問題研究』27、特定非営利活動法人全国要約筆記問題研究会
庵功雄・岩田一成・森篤嗣(2011)「「やさしい日本語」を用いた公文書の書き換え──多文化共生と日本語教育文法の接点を求めて」『人文・自然研究』5、一橋大学
庵功雄ほか(2014)「第33回研究大会シンポジウム　言語マイノリティーへの情報保障」『社会言語科学』17-1、社会言語科学会
庵功雄編集(2015)「特集　「やさしい日本語」の研究動向と日本語教育の新展開」『ことばと文字』4、くろしお出版
庵功雄監修(2010)『にほんごこれだけ!　1』ココ出版
庵功雄監修(2011)『にほんごこれだけ!　2』ココ出版
庵功雄・イ・ヨンスク・森篤嗣編(2013)『「やさしい日本語」は

何を目指すか――多文化共生社会を実現するために』ココ出版
庵功雄・山内博之編(2015)『現場に役立つ日本語教育研究1　データに基づく文法シラバス』くろしお出版
石川准(2008)「本を読む権利はみんなにある」上野千鶴子ほか編『ケアという思想』岩波書店
井上ひさし(1981)『私家版日本語文法』新潮社
井上史雄(1998)『日本語ウォッチング』岩波新書
井上優(2013)『相席で黙っていられるか――日中言語行動比較論(そうだったんだ！ 日本語)』岩波書店
イ・ヨンスク(2013)「第14章　日本語教育が「外国人対策」の枠組みを脱するために――「外国人」が能動的に生きるための日本語教育」庵・イ・森編(2013)所収
岩田一成(2010)「言語サービスにおける英語志向――「生活のための日本語：全国調査」結果と広島の事例から」『社会言語科学』13-1、社会言語科学会
岩田一成(2013)「第2章　「やさしい日本語」の歴史」庵・イ・森編(2013)所収
岩田一成(2014)「公的文書をわかりやすくするために」『日本語学』33-11、明治書院
上農正剛(2003)『たったひとりのクレオール――聴覚障害児教育における言語論と障害認識』ポット出版
宇佐美洋(2013)「第12章　「やさしい日本語」を書く際の配慮・工夫の多様なあり方」庵・イ・森編(2013)所収
宇佐美洋(2014)「「外国人にわかりやすい文書」を書くための配慮――「「やさしい日本語」の作成ルール」の効果とその活用」『カナダ日本語教育振興会(CAJLE)2014年次大会 Proceeding』(http://www.cajle.info/conference-proceedings/cajle2014-proceedings/)
打浪(古賀)文子(2013)「知的障害者への「わかりやすい」情報提供に関する検討――「ステージ」の実践と調査を中心に」『社会言語科学』17-1、社会言語科学会

打浪文子(2015)「知的障害者に対する「わかりやすい情報提供」と「やさしい日本語」」庵編(2015)所収
大久保愛(1967)『幼児言語の発達』東京堂出版
大津由紀雄・江利川春雄・斎藤兆史・鳥飼玖美子(2013)『英語教育、迫り来る破綻』ひつじ書房
岡典栄・赤堀仁美(2011)『日本手話のしくみ』大修館書店
岡典栄・庵功雄(2015)「ろう児に対する書記日本語教育のための予備的考察 ──「9歳の壁」を越えるために」『日本語教育学会2015年度秋季大会予稿集』日本語教育学会
沖裕子(1999)「気がつきにくい方言」『日本語学』18-13、明治書院
尾崎明人(2004)「地域型日本語教育の方法論的試案」小山悟ほか編『言語と教育 ── 日本語を対象として』くろしお出版
河野俊寛(2012)『読み書き障害のある子どもへのサポートQ&A』読書工房
ガラテ, マリベル(2014)「第11章　ろう児のバイリンガル・リテラシーの育成」佐々木編(2014)所収
国立国語研究所(1977)『幼児の文法能力』東京書籍
小林ミナ(2009)「「基本的な文法項目」とは何か」小林ミナ・日比谷潤子編『日本語教育の過去・現在・未来』凡人社
小松英雄(1999)『日本語はなぜ変化するか』笠間書房
近藤明日子・田中牧郎(2008)「学校教科書の語彙 ── 語種を観点として」『日本語学』27-10、明治書院
酒井邦嘉(2002)『言語の脳科学 ── 脳はどのようにことばを生みだすか』中公新書
佐々木倫子(2012)「はじめに　「ろう者」と「手話」と「多文化共生」」佐々木編(2012)所収
佐々木倫子編(2012)『ろう者から見た「多文化共生」── もうひとつの言語的マイノリティ』ココ出版
佐々木倫子編(2014)『マイノリティの社会参加 ── 障害者と多様なリテラシー』くろしお出版

真田信治(1989)『日本語のバリエーション』アルク
清水睦美(2006)『ニューカマーの子どもたち ―― 学校と家族の間《はざま》の日常世界』勁草書房
志村ゆかり(2014)「外国人生徒と日本人生徒の背景知識の違い ―― 国語教科書の文章理解に関する背景知識を例に」『一橋日本語教育研究』2、ココ出版
沈国威(2008)『近代日中語彙交流史 ―― 新漢語の生成と受容(改訂新版)』笠間書院
牲川波都季(2012)『戦後日本語教育学とナショナリズム ――「思考様式言説」に見る包摂と差異化の論理』くろしお出版
田窪行則編(2013)『琉球列島の言語と文化 ―― その記録と継承』くろしお出版
田尻英三(1992)「日本語教師と方言」『日本語教育』76、日本語教育学会
田中英輝・美野秀弥・越智慎司・柴田元也(2013)「第3章 「やさしい日本語」による情報提供 ―― NHKのNEWS WEB EASYの場合」庵・イ・森編(2013)所収
土本秋夫(2011)「バリア(かべ)とおもうこと」『ノーマライゼーション』12月号、公益財団法人日本障害者リハビリテーション協会
角田太作(2009)『世界の言語と日本語(改訂版)』くろしお出版
東野治之(2007)『遣唐使』岩波新書
土岐哲(2010)「第16章 聞き手の国際化 ―― 音声教育の将来への展望」『日本語教育からの音声研究』ひつじ書房
中川雅之(2015)『ニッポンの貧困 必要なのは「慈善」より「投資」』日経BP社
中野光・小笠毅(1996)『ハンドブック子どもの権利条約』岩波ジュニア新書
仁田義雄(1991)「第六章 言表態度の要素としての丁寧さ」『日本語のモダリティと人称』ひつじ書房
野田尚史(1998)「「ていねいさ」から見た日本語の文章・談話の

構造」『国語学』194、国語学会
野田尚史(2014)「「やさしい日本語」から「ユニバーサルな日本語コミュニケーション」へ —— 母語話者が日本語を使うときの問題として」『日本語教育』158、日本語教育学会
野田尚史・森口稔(2003)『日本語を書くトレーニング』ひつじ書房
野田尚史・森口稔(2004)『日本語を話すトレーニング』ひつじ書房
野山広(2009)「多言語・多文化共生の時代に応じた日本語教育政策の構築に向けて」春原憲一郎編『移動労働者とその家族のための言語政策』ひつじ書房
長谷川信子(2015)「英語教育における母語(日本語)教育の必要性と重要性 —— タスク遂行型言語教育の限界を見据えて」『日本語/日本語教育研究』6、ココ出版
長谷川信子編(2015)『日本の英語教育の今、そして、これから』開拓社
バトラー後藤裕子(2011)『学習言語とは何か —— 教科学習に必要な言語能力』三省堂
福澤諭吉(1873)『文字之教:第一文字之教』(project.lib-keio.ac.jp/dg-kul/fukuzawa/flipper/F7-A21-01/book234.html)
本多由美子(2016)「二字漢語における語と漢字の意味的結びつき —— コーパスを用いた考察と日本語教育への応用」2015年度一橋大学言語社会研究科修士論文
毎日新聞地方部特報版(1998)『東北「方言」ものがたり』無明舎出版
牧野成一ほか(2001)『ACTFL-OPI入門 —— 日本語学習者の「話す力」を客観的に測る』アルク
松尾慎ほか(2013)「社会参加のための情報保障と「わかりやすい日本語」—— 外国人、ろう者、難聴者、知的障害者への情報提供の個別課題と共通性」『社会言語科学』16-1、社会言語科学会

松尾慎(2014)「7. 情報保障とは何かを考える」庵ほか(2014)所収
松岡和美(2015)『日本手話で学ぶ　手話言語学の基礎』くろしお出版
松田陽子・前田理佳子・佐藤和之(2000)「災害時の外国人に対する情報提供のための日本語表現とその有効性に関する試論」『日本語科学』7、国書刊行会
三上章(1960)『象は鼻が長い――日本文法入門』くろしお出版
南不二男(1974)『現代日本語の構造』大修館書店
森篤嗣(2013)「第13章　「やさしい日本語」と国語教育」庵・イ・森編(2013)所収
栁田直美(2013)「第5章　「やさしい日本語」と接触場面」庵・イ・森編(2013)所収
栁田直美(2015)『接触場面における母語話者のコミュニケーション方略――情報やりとり方略の学習に着目して』ココ出版
山内博之(2009)『プロフィシエンシーから見た日本語教育文法』ひつじ書房
山内博之(2015)「第3章　話し言葉コーパスから見た文法シラバス」庵・山内編(2015)所収
山田泉(2002)「第8章　地域社会と日本語教育」細川英雄編『ことばと文化を結ぶ日本語教育』凡人社
湯浅誠(2008)『反貧困――「すべり台社会」からの脱出』岩波新書
渡部倫子(2015)「第7章　教師から見た文法シラバス」庵・山内編(2015)所収
de Saussure, Ferdinand (1911) *Cours de Linguistique Générale.* 小林英夫訳(1972)『一般言語学講義』岩波書店
Frey, Carl Benedikt & Osborne, Michael A. (2013) "The Future of Employment: How Susceptible Are Jobs to Computerisation?" Oxford Martin School.
Iori, Isao (2016) "The Enterprise of *Yasashii Nihongo*: For a Sustain-

able Multicultural Society in Japan."『人文・自然研究』10、一橋大学

Nerrière, Jean-Paul and David Hon (2009) *Globish: The World Over.* International Globish Institute.

Pinker, Steven (1994) *The language instinct: How the Mind Creates Language.* 椋田直子訳(1995)『言語を生みだす本能』上・下 NHK ブックス

U.S. Securities and Exchange Commission (1998) *A Plain English Handbook: How to Create Clear SEC Disclosure Documents.* (https://www.sec.gov/pdf/handbook.pdf)